虚境归真

数字科技创新引领的
元宇宙蝶变

Steer Virtual to Actual　Digital Innovation Pioneering the Metaverse Odyssey

柯 丹●著

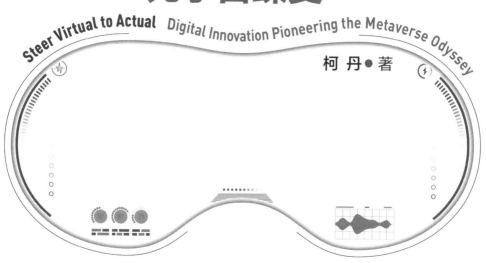

科学出版社

北 京

内 容 简 介

本书收录了作者多年的虚拟世界／元宇宙研究成果，旨在探讨虚拟世界的经济价值体系及社会演变规律，阐明数字科技创新如何驱动虚拟世界向元宇宙蜕变，展望元宇宙的应用前景及其与现实世界的协同发展。

全书共 6 章，主要内容包括虚拟世界的特征、价值生态、社会属性、治理机制，虚拟世界的经济学理论研究和社会行为决策的实证研究，虚拟世界发展成元宇宙的信息技术基础和未来展望。

本书可供虚拟世界／元宇宙相关学科以及交叉应用领域的研究人员参考。

图书在版编目（CIP）数据

虚境归真：数字科技创新引领的元宇宙蝶变／柯丹著.—北京：科学出版社，2024.1
    ISBN 978-7-03-077107-0

Ⅰ.①虚… Ⅱ.①柯… Ⅲ.①数字技术–应用–信息经济 Ⅳ.①F49-39

中国版本图书馆CIP数据核字（2023）第221866号

责任编辑：喻永光 杨 凯／责任制作：周 密 魏 谨
责任印制：肖 兴／封面设计：张 凌
北京东方科龙图文有限公司 制作

科 学 出 版 社 出版
北京东黄城根北街16号
邮政编码：100717
http://www.sciencep.com

天津市新科印刷有限公司 印刷
科学出版社发行 各地新华书店经销

*

2024年1月第 一 版   开本：720×1000 1/16
2024年1月第一次印刷   印张：14 1/4
字数：200 000

定价：68.00元
（如有印装质量问题，我社负责调换）

前　言

我们正处于一个数字化转型的时代，一个虚拟与现实交织、数字世界与物理世界相互渗透的时代。元宇宙，作为这一转型的核心组成部分，正在逐步塑造我们的未来。元宇宙不再是科幻小说中的概念，而是一个真实存在、日益成熟的数字生态系统。本书旨在探讨这一新兴领域的各个方面，从其基本概念到其对现实世界的深远影响。

数字技术，尤其是区块链技术，为元宇宙的发展塑造了数字经济形态。以太坊等区块链平台不仅为虚拟商品和资产提供了真实的价值，还为虚拟世界的治理和运营提供了新的机制。

然而，与所有新兴技术一样，元宇宙也面临着许多挑战。从技术、经济到伦理，每一个方面都需要深入研究和探讨。本书尝试为读者提供一个全面的视角，深入探讨元宇宙的各个方面。本书内容是关于数字经济时代前沿应用领域的理论研究和实践探索，探索虚拟资产和数字所有权的价值归属，研究虚拟世界和现实世界的相互影响、数字时代雇佣关系的变革以及用户社交和商业行为的演变，关注虚拟世界中的安全与隐私、社会伦理、法律监管等问题，致力于推动新一代信息技术在虚拟世界的应用和创新，引领虚拟世界和元宇宙产业在多个实体经济板块的应用和发展。

本书的理论基础涵盖虚拟世界/元宇宙相关的多个学科领域，如管理科学、计算机科学、社会学、心理学、经济学和法律等。这种跨学科的研究取向反映了当今学术研究的趋势，提倡从不同角度研究和探索虚拟世界经济的复杂性。

此外，本书尝试提出虚拟世界/元宇宙的研究框架，帮助读者理解虚拟世界/元宇宙的基本特征、运作机制、应用前景。本书的撰写主要基于英文文献的研究和专业分析，融合西方的研究成果和东方的文化背景，引导读者以全新的视角理解元宇宙的复杂性和多样性。

本书分为6章，围绕虚拟世界和元宇宙，深入探讨其价值生态、社会属性和治理机制、数字科技创新和未来展望等。

第1章介绍虚拟世界的主要特征及其与Web 3.0经济、元宇宙的关系。

第2章着重探讨虚拟世界的价值生态，包括虚拟商品的创造与价值归属、虚拟货币的发行与流通、虚拟商品市场的供需特点等，展示虚拟世界经济独特的运作机制和市场特征。

第3章聚焦虚拟世界的社会属性和治理机制，包括身份认证、虚拟世界与现实世界的关系、社会治理等方面。

第4章以实证研究深入探讨虚拟世界中行为决策的影响因素。

第5章讨论虚拟世界的信息技术基础，包括区块链、数字孪生、人工智能（AI）和混合现实（MR）等，阐明新一代信息技术是虚拟世界经济发展的基石。

第6章展望元宇宙的未来发展，讨论科技进步带来的机遇和挑战，以及元宇宙和现实世界的协同发展等。

本书中的部分研究成果得到了国家自然科学基金（项目号：72271191，72232006）的资助。希望本书能对元宇宙相关科研学者和行业开拓者有所帮助。不足之处，敬请批评指正。

目　录

第4章 虚拟世界用户行为的实证研究

第5章 数字科技创新：虚拟世界蜕变为元宇宙的基石

第 1 章

数字平行世界

在信息技术和数字科技的浪潮中，一个充满无限可能、无限机会的概念——元宇宙——深深吸引了各界先锋人群的深度关注。元宇宙可能对一些人而言还相对陌生，但它的存在已经深深地影响了我们的生活和思维方式。元宇宙，从字面上理解，是一个超越宇宙的存在，但在数字领域，它更像是现实世界的映射——一个数字平行世界。

元宇宙的概念并不是突然出现的，而是从早期的虚拟世界逐渐发展而来。几十年前，人们第一次接触网络游戏时，那种沉浸在数字空间中的感觉就像进入了另一个和日常生活平行的世界。随着科技的进步和创新，这"另一个世界"越来越真实、丰富。从最初的二维像素图形，到现在的 3D 立体渲染，再到虚拟现实（VR）技术的出现，一个与现实世界的视觉、听觉、地理分布几乎无异的虚拟世界俨然形成。虚拟世界里不仅有山川湖海、城市建筑，更有无数的数字居民。这些数字居民是真实用户的虚拟化身，他们在虚拟世界中建立家园，开设商店，甚至创办公司，与现实世界中的经济活动无异。

但元宇宙不局限于虚拟世界的应用升级，而是一个完整的生态系统，成为现实世界经济形态、生活文明、智能产业的数字映射和多维度延伸。人工智能技术使能了具有独立行动力的智能数字居民在元宇宙中诞生，这是广义上最早的硅基生命。随着区块链技术的发展，元宇宙中的经济体系也变得越来越完善。虚拟货币、数字资产、智能合约……这些原本只存在于数字领域的概念，现在都在元宇宙中得以真实应用。用户可以跨元宇宙购买和出售虚拟物品，甚至参与其中的数字资产投资经营，获得真实的经济收益。

当然，元宇宙并不是一个独立于现实世界的数字存在，而是与现实世界紧密相连。许多现实世界中的活动和事件都会在元宇宙中得到反映。例如，现实世界的艺术家创作了一幅画作，可以数字化后在元宇宙中展出；现实世界的公司发布了一款新产品，也可以在元宇宙中举办虚拟发布会，吸引虚拟世界的用户关注。

1.1 虚拟世界的基本概念

虚拟世界是通过计算机技术创建的 3D 数字模拟环境，为用户创造了一个可以通过"化身"（avatar）进行沉浸式交互的空间。模拟环境可以是对现实世界的高度模仿，遵循现实中的物理规则，也可以是完全基于幻想的、与众不同的数字王国。用户可以在虚拟世界中的不同地理位置间实时"穿越"（teleport），也可以与其他用户或计算机生成的虚拟实体进行互动。

虚拟世界的用户不仅能体验前所未有的社交网络和娱乐活动，还能深入参与数字化的经济系统。虚拟世界用户自由探索于各种虚拟场景、创建虚拟物品，并与其他用户进行物理形态或经济形式的互动。虚拟世界是持续存在的，也就意味着无论其中用户是否在线，这个虚拟世界都会继续存在并发展。总的来说，虚拟世界提供了一个充满想象力和创造性的数字环境,模糊了现实与虚拟之间的界限。

1.1.1 虚拟世界的基本特征

虚拟世界，作为数字化的、模拟的计算机环境，具有一系列独特的基本特征。

空间性（spatiality）：虚拟世界 3D 空间具有确定的地理位置经纬标识。但用户可以在虚拟世界里的不同地理位置之间实时穿越，自由移动、探索，其间交通成本可忽略。在同一个地理位置，用户可以与在场的其他用户以及虚拟场景、实体进行互动。

实时性（instantness）：虚拟世界中发生的事件和互动几乎是即时的，没有时间上的延迟。这也使得虚拟世界是动态发展的，用户之间可以即时互动、有效沟通、实时通信，还可以进行同场景的现场协作和及时反馈，实现虚拟社会经济活动。

持续性（persistence）：虚拟世界中的环境、实体、人物是持续存在的，无论终端用户是否在线，虚拟世界都会持续运行。当用户重新登录虚拟世界时，便会面临随时间持续发展着的崭新的世界。这种持续性使得虚拟世界的经济、社交和其他活动能够不断发展。

数字身份构建（digital identity construction）：虚拟世界的用户可以创建和定制自己的虚拟角色或化身，在虚拟环境中探索不同的身份和自我表现。

沉浸度（immersion）：虚拟世界为其中的数字身份提供沉浸式体验，使得他们感觉自己真的身处另一个世界。虚拟世界能够复现人类感官中的视觉、听觉，技术的成熟确保了用户能够置身虚拟世界内。

互动性（interactivity）：虚拟世界的核心特征之一是高度互动性。用户通过自己的数字身份，与环境和其他用户互动。这种互动性为用户提供了沉浸式体验，使他们感觉自己真的是这个世界的一部分。

创新与模拟（creativity and simulation）：开放式虚拟世界允许用户创建和修改环境。这可以是简单的，如建造一个房子，或创建新的游戏规则。这种创造性为用户提供了无限的可能性，使他们能够根据自己的想象力和技能塑造世界。

虚拟世界的创造也可以模拟某种现实世界的环境或情境，甚至包含超现实或奇幻的元素。

社会与经济系统（social and economic systems）：除了与环境互动，虚拟世界也为用户提供了与其他人社交互动的机会。用户可以与来自世界各地的人聊天、合作完成任务或进行竞争。

随着虚拟世界的发展，其中的经济交易也变得越来越复杂。用户可以购买虚拟物品，如服装、房屋或宠物，甚至可以通过真实货币交易虚拟货币。

1.1.2 虚拟世界的诞生

虚拟世界已经有了相当长的发展历程，从最初的简单模拟到如今高度复杂、具备真实感的现实世界的完美补充，每个阶段都是技术、文化和经济相互交织的过程。这个历程中的每个里程碑事件都反映了当时的技术水平和社会需求，也预示着当时的技术发展趋势和人类对数字文明的探索方向。

▎20 世纪 60 － 70 年代：VR 的雏形

1968 年：Ivan Sutherland 和 Bob Sproull 开发了首个 VR 头盔——"达摩克利斯之剑"，尝试将人们带入一个计算机生成的 3D 空间。

▎20 世纪 80 年代：虚拟世界的初步探索

1987 年：Larry Rosenthal 创造了第一个真正的虚拟世界——Habitat。用户可以通过在线连接进入这个世界，并与其他用户互动。

▎20 世纪 90 年代：虚拟世界的黄金时代

1992 年：Neal Stephenson 的小说《雪崩》描述了一个名为"Metaverse"的虚拟世界，这也是"元宇宙"这个词的来源。

1995 年："Active Worlds"成为第一个允许用户创建自己的 3D 内容的虚拟世界。

1999 年：Sony 发布"EverQuest"，这是第一个大型多人在线角色扮演游戏（MMORPG），吸引了大量玩家。

▎21 世纪：开放式虚拟世界的里程碑，Web 3.0 的前身

2003 年：Linden 实验室发布 Second Life。用户可以在探索虚拟世界的过程中，自由创建虚拟物品，还可以购买、交易虚拟物品，并通过 Second Life 中的 Linden 币兑换美元。

▎21 世纪 10 年代：数字科技的飞跃和 VR 的普及

2016 年：脸书（Facebook）推出 Oculus Rift，标志着 VR 的商业化复兴，用户可以更沉浸地感知和探索虚拟世界。

2017 年：加密货币和区块链技术开始应用于虚拟世界，如 CryptoKitties 和 Decentraland。

▎21 世纪 20 年代：元宇宙概念复兴

2021 年：Roblox 作为元宇宙第一股上市，成功证明了一个开放、去中心化、用户驱动的虚拟世界的潜力，为元宇宙的未来提供了一个清晰的愿景。

1.1.3 虚拟世界的分类和典型案例

虚拟世界是一个较为广义的概念，根据功能、目的和互动方式可以分为以下几个主要类别。

▍大型多人在线角色扮演游戏（MMORPG）

用户选择在特定场景扮演特定的角色，与其他玩家一起，竞技、完成任务、冒险探索等。

典型案例：World of Warcraft（魔兽世界），Final Fantasy XIV（最终幻想 14），The Elder Scrolls Online（上古卷轴）。

▍虚拟经济平台

虚拟世界主要是为模拟现实世界社会经济系统而设计的，用户可以在其中创建自己的数字化身，与其他用户互动，建立社会关系，自由创建虚拟物品和交易。

典型案例：Second Life（第二人生），Entropia Universe，Decentraland，IMVU，Habbo Hotel（哈宝旅馆）。

▍沉浸式学习环境

这类出于教育和培训目的而设计的虚拟世界，模拟现实世界的场景，允许师生在同一场景内互动，能有效帮助学习者沟通和实践。

典型案例：Minecraft Education Edition（我的世界教育版），Moodle、Blackboard。

▌模拟和训练环境

这类虚拟世界被设计用来模拟现实世界的情境，通常用于培训和练习。

典型案例：飞行模拟器、军事训练模拟器等。

▌沙盒游戏和创意平台

这类平台允许用户自由地创造、修改游戏场景和制定规则，探索虚拟环境。

典型案例：Minecraft（我的世界），Roblox，Terraria。

▌VR（虚拟现实）世界

专为 VR 头盔和设备设计的沉浸式环境，为玩家提供高真实感的体验。

典型案例：VRChat，AltspaceVR，Rec Room。

▌AR（增强现实）世界

通过 AR 眼镜和智能终端，将虚拟元素叠加到现实世界中。

典型案例：Pokemon Go，Ingress，Harry Potter: Wizards Unite（哈利波特：巫师联盟）。

▌元宇宙平台

理想的元宇宙，是一个包含多个互联虚拟世界的统一的数字存在。

典型案例：脸书 Horizon Workrooms，微软 Mesh。

1.1.4 构建虚拟世界的技术基础

虚拟世界需要多种技术共同支撑起一个完整、互动和沉浸式的虚拟环境。

▌网　络

网络是计算机设备相互通信和共享资源的必备条件。其基础是TCP/IP 协议栈，包括 IP 地址、路由、数据传输和应用层协议（如HTTP 和 FTP）。数据在网络中以数据包的形式传输，经过多个路由器和交换机，最终到达目的地。

虚拟世界的用户可以在全球范围内实时互动，并允许多个用户在同一虚拟地址内互动。网络支持了虚拟世界的持续更新和扩展，让开发者可以实时发布新内容和修复。重要的是，高速、稳定的网络连接，确保了用户在虚拟世界的流畅体验。

同时，网络数据库存储和管理虚拟世界中的大量数据，如用户信息、用户虚拟资产所有权、用户行为、任务等。因此，网络安全至关重要，它能确保虚拟世界的数据安全，包括用户虚拟身份归属、虚拟资产所有权界定等。通常需要加密技术、防火墙、反作弊系统等，防止外部攻击、网络欺诈等。

▌3D 建模和动画

3D 建模是创建 3D 对象的过程，涉及复杂的曲线曲面建模和数字雕塑等。动画技术则是使这些对象移动和互动的技术，涉及物体随时间的变化，包括简单旋转和缩放，以及骨骼和肌肉运动。一般通过关键帧描述物体在特定时间点的状态，再使用插值技术在这些关键帧之间生成平滑的动画。

在虚拟世界中，3D 建模和动画技术起到了核心作用。3D 建模为虚拟环境提供了虚拟物体和角色，而动画赋予了这些 3D 模型生命，使之逼真地移动、表达和反应，为用户提供真实和沉浸的体验。

图形渲染

图形渲染技术是通过计算机算法将抽象的数据和 3D 模型转化为我们可以看到和感知的二维图像的过程，涉及光线追踪、光栅化、纹理映射、阴影生成、实时渲染等。图形渲染技术可以模拟现实世界中的光线、阴影、反射和折射，使虚拟世界的细节、纹理、光泽、颜色渐变等展现出来更加真实，还可以模拟动画水流、火焰、烟雾等效果，让整个环境栩栩如生，增强沉浸度。

物理引擎

物理引擎是计算机图形学和游戏开发中的核心组件，它模拟现实世界中的物理现象，如重力、摩擦、空气阻力和物体间的碰撞。其基本原理是通过数学模型和算法来计算虚拟物体的运动和互动。在虚拟世界中，物理引擎负责处理物体的运动、碰撞、和其他物体交互，提供视觉上的真实感，更重要的是为用户提供真实的交互体验。例如，在虚拟世界中推动一个物体时，物理引擎要确保该物体按照现实世界的规律移动和反应，增强沉浸度。

人机交互

人机交互（human-computer interaction，HCI）是计算机科学和认知心理学的交叉领域，研究人类与计算机之间的交互方式。目标是设计和实现用户易用的、高效和直观的交互界面及交互流程，使用户能够轻松、有效地完成和计算机的交互，涉及如何捕捉和解释用户的输入，如鼠标、键盘、触摸屏、手势和语音等。用户还可以借助其他设备来确保自然、直观地与虚拟世界互动。

▌声音处理

虚拟世界的声音处理模拟现实世界中的声音特性，涉及捕捉、生成、处理和播放，确保声音与虚拟环境中的事件和场景相匹配。例如，在虚拟世界中，采用 3D 音效模拟声源，使用户能够根据声音的方向和距离判断声源的位置：在虚拟森林中行走时，听到左侧的鸟鸣声，右侧的溪流声，以及远处的雷声。此外，环境音效也是声音处理的重要组成部分。例如，在宽敞的虚拟大厅中，声音可能会有回声和长时间的混响。

▌VR 和 AR

VR 技术通过各种输入设备，如 VR 头盔等，为用户提供全方位、360 度的 3D 虚拟环境，使用户真正感觉置身其中。并通过设备与虚拟环境互动，如移动、触摸、抓取虚拟物体等，让用户感知高清晰度的图像和声效，近乎百分之百模拟现实世界的视听感知和互动。

成熟的 VR 硬件设备有以下几种。

• 头戴式显示器（HMD），如 Oculus Rift、HTC Vive、PlayStation VR 等，能跟踪用户的头部移动，并根据移动方向调整显示画面。

• 运动追踪器，如 Oculus Touch、Vive Tracker 等，能够追踪用户的手部或身体的移动，并在虚拟环境中实时反映。

• 触觉反馈设备，如 Haptic Gloves、"VR 西装"等，能够为用户提供触觉反馈，如在虚拟环境中触摸物体时感受到压力或温度。

AR 将虚拟元素，如图像、文字、音效等，叠加到现实世界。用户可以实时与叠加的虚拟信息互动。AR 便携性强，大多数 AR 应用都可以在移动设备上运行，使用户感觉自己进入了与现实世界同时存在的平行世界。

成熟的 AR 硬件设备有以下几种。

• 智能手机和平板，如 iPhone、iPad、Android 设备等，它们的摄像头可以捕捉现实世界的画面，并在屏幕上叠加虚拟信息。

• 智能眼镜，如谷歌眼镜、微软 HoloLens 等，为用户提供半透明显示屏，让用户在看到现实世界的同时，也可以看到叠加的虚拟信息。

• AR 专用设备，如 Magic Leap One 等，可提供更高的显示质量和更强的交互性。

在虚拟世界的演进中，除了基础技术的持续完善和硬件设备的技术革新，为了将虚拟世界推向更高的境界，即接近理想的元宇宙，我们还需要融合和应用各种尖端的信息技术和数字科技，创建安全的数字生态。

例如，人工智能技术使计算机程序能够模拟人类的思维方式，为虚拟世界注入生命力。它可以为虚拟世界创造智能化非玩家角色（NPC），使用户与 NPC 之间的互动更加自然、真实。并且，这些智能化的数字人还可以在虚拟世界中担任各种角色，如专业的数字员工、高风险环境下的工作人员等，从而将人类从重复、危险的任务中解放出来。

还有区块链技术，其革命性的分布式数据结构，为虚拟世界提供了安全、透明的交互平台。而智能合约可以确保虚拟资产的权益得到保障，实现虚拟世界信息溯源、虚拟资产确权、交易存证、价值归属和分配公平，为用户提供安全、可靠的虚拟经济环境。

1.1.5　虚拟世界的代表：Second Life

开放式虚拟世界已经成为新的社交与经济平台，为用户提供全了新的互动空间。Second Life 是开放式虚拟世界的成功案例。

Philip Rosedale 于 1999 年创立 Linden 实验室，初衷是创造一

个能够模拟现实世界的虚拟环境，让用户能够在其中自由创造、交互和交易。2003 年，Linden 实验室正式推出其旗舰产品——Second Life，活跃用户随即呈指数级增长。Second Life 的开放性和自由性吸引大量的创意人士，在其中创造了不计其数的艺术品、虚拟实体和实时活动。Second Life 的经济体系与现实世界非常相似，用户可以创作、销售、出租、购买各种虚拟商品、服务、土地、资源等。

在 Second Life 里，用户可以用真实货币兑换虚拟货币 Linden 币并用于交易，也可以将 Linden 币兑换成真实货币。这也就意味着，Second Life 里的虚拟身份可以在虚拟世界中通过自身努力创造价值。例如，设计师可以在 Second Life 里出售自己设计的服装、家具，赚取虚拟货币；音乐家和艺术家在 Second Life 中举办音乐会和艺术展览，赢得名声和财富。2006 年，Anshe Chung[①] 在 Second Life 中购买土地并开发地产项目，通过市场经营赚取大量虚拟财富，通过虚拟世界成功收获了百万美元。

很多大学、国家机构、企业也看到了 Second Life 的沟通效率和商业潜力，在其中建立机构办公室。例如，哈佛大学在 Second Life 开设了虚拟世界的 EMBA 课堂；马尔代夫在 Second Life 成立了虚拟大使馆，提供"面对面"的签证咨询服务；日产汽车在 Second Life 举行新车虚拟发布会，并邀请顾客进行虚拟试驾。

Second Life 自成立至今已逾 20 年，用户增长速度已经放缓，但它的虚拟社区管理、精心设计的场景和整个虚拟世界依然活跃并持续在线。用户可以随时登录，参与各种社交和经济活动。

---

① https://fortune.com/2006/11/27/anshe-chung-first-virtual-millionaire/。

1.2　元宇宙的前世今生

"元宇宙"概念自从 2021 年被 Roblox 重提，就成了公众的焦点。从虚拟世界到如今被广泛讨论的"元宇宙"，我们见证了数字技术和应用的演变。元宇宙被视为虚拟世界的终极形态，是因为它不仅仅是一个数字化的空间，还是一个真实与虚拟交织、多个虚拟世界互联并行的数字宇宙。

1.2.1　元宇宙：虚拟世界的蝶变

从最初的 3D 游戏到如今的元宇宙，我们见证了虚拟世界从简单模拟到复杂生态的跨越式发展。

数十年前，网络游戏打开了虚拟世界的大门。随后，社交网络和移动互联网的普及使得虚拟世界成为人们日常生活的一部分，人们对虚拟世界的需求也日益增强。在这个过程中，Second Life 以其对现实世界的高度模拟和映射，成了人们在虚拟世界中生活、工作、娱乐的理想场所之一。然而，随着时间的推移，一个个独立的虚拟世界开始面临发展瓶颈：用户的创造力受到了封闭空间的限制，经济利益的获取变得愈加困难，用户的愉悦感阈值越来越高，导致许多虚拟世界的用户活跃度难以为继。

元宇宙由虚拟世界进化而来，和虚拟世界有很多共同点：它们都为用户提供了一个数字环境，用户可以通过自己的数字化身与环境、物体和其他用户互动，以反映他们所希望的外观、身份和社会属性；用户可以购买、出售和交易虚拟商品和服务，形成数字世界的经济生态。

元宇宙也在以下方面展现出了和虚拟世界的差异。

规模和连续性：虚拟世界通常局限于某个特定的平台，但元宇宙被设想为一个广阔的、互联的多个虚拟世界构成的宇宙。元宇宙旨在提供连续的体验，让用户可以在不同的虚拟世界之间无缝移动。

技术基础：元宇宙通常与包括区块链、人工智能、数字孪生和VR/AR在内的各种先进技术相结合，而虚拟世界不一定包含这些技术。

数字资产所有权：在元宇宙中，用户能真正拥有数字资产，并且这些数字资产的价值流通可以跨越虚拟世界，和现实世界形成闭环。

开放性与封闭性：元宇宙被视为现实世界和虚拟世界之间的界限模糊的空间，允许跨越虚拟世界、连接现实世界；而以往虚拟世界通常是相对独立的，用户社交和经济往来局限在封闭的生态内。

从虚拟世界到元宇宙，是一个关于技术、文化、社会经济交织的旅程，充满了激情、创新和探险。其中有人们对现实的思考，也有人们对未来技术发展和应用的无限期待。VR 和 AR 让我们能够更加真实地体验虚拟世界，而区块链和人工智能是元宇宙经济体系和智能协作的基石。尤其是区块链技术，它确保了虚拟资产的安全、透明和不可篡改，为元宇宙的经济活动提供了有力保障。

1.2.2　元宇宙的定义和内涵

元宇宙可以是任何由技术驱动的 3D 虚拟空间，包括 VR、AR、人工智能（AI）、物联网（IoT）和区块链。这些技术允许人们互动，甚至与非人类化身互动。

元宇宙是虚实相融的多个虚拟世界的互联，基于扩展现实技术提供沉浸式体验，基于数字孪生技术生成现实世界的真实镜像，基于区块链技术建立公平公正的经济社会形态（人和物的身份认证、价值归属）和价值流通模式，基于人工智能技术实现数字化身的智能协作，通过数字世界与现实世界在经济系统、社交系统、身份系统上的密切融合，实现虚实场景无缝穿越，是超越现实世界的全新文明形态。

元宇宙——Metaverse 的词根"Meta"在古希腊语中有"超越"之意。但在现代，元宇宙被赋予了全新的定义：一个完全数字化、高度互动、无缝融合的数字生态系统。元宇宙不仅是现实世界的映射，更是现实世界的扩展。

在现代科技与文化的交汇点，元宇宙跨越了现实世界的多个维度，超越了现实世界中"人""物""时""空"的概念。

人：元宇宙中"人"的定义远超现实世界中的存在。在我们生活的物理世界里，人的身份、性格和能力受生理、社会和文化的限制。但在元宇宙里，每个人都可以根据自己的意愿自由创建和选择自己的虚拟身份，不论外貌、性格和能力。例如，害羞的人在现实生活中可能不敢在大庭广众之下演讲，但在元宇宙中，他可以选择一个自信、有魅力的虚拟身份，大胆地在虚拟舞台上发表演说。更引人入胜的是，我们可以在多个虚拟世界中创建和拥有不同的身份。随着人工智能技术的进步，元宇宙中的 NPC 和智能数字人也开始作为数字公民在其中生活和工作，而这些"非碳基智慧人类"的存在超越了现实世界"人"的范畴，他们不仅能和现实世界的人类互动，还能为数字世界创造价值。

物：元宇宙中的"物"超越了现实世界中的定义。在元宇宙里，我们可以通过数字孪生"复制"现实世界的物品，也可以在虚拟世界中原生创造全新物品。在数字原生世界里，物质不再受到物理规律的束缚。例如，艺术家可以在元宇宙中创作独一无二的艺术品，这些艺术品不仅是数字化的表现，还具有实际价值，可以被交易、使用和展示。此外，创作者还可以根据自己的想象创造各种物品，如还原历史上已消逝的文明遗物或创造未来科技产品。

时：元宇宙中时间的概念超越了现实世界中的线性和不可逆性，

变得更加灵活。用户可以选择在某个特定的时间点停留，或者快速穿梭于不同的时间节点，自由探索。例如，历史爱好者可以选择回到古罗马时代，亲身体验那个时代的生活；科幻迷可以选择前往未来世界，探索那里的神奇与未知。

空：元宇宙中的空间不再受现实世界中物理规律的限制，创作者可以根据自己的想象创造地理位置、气候或建筑。例如，建筑师可以在元宇宙中设计前所未有的建筑，这些建筑不受地球重力、现实环境污染和交通限制，呈现令人震撼的形态和结构。更神奇的是，同一场景还可以存在于不同时间点的平行世界，为我们提供无尽的、可自由穿梭的多维空间。

1.2.3 元宇宙的发展里程碑

在数字科技飞速发展的几十年间，元宇宙从科幻小说中的概念逐步衍生为技术支撑的现实。从早期的 VR 技术到现在的全息投影，从简单的数字游戏到复杂的虚拟社交网络，元宇宙的发展历程充满了创新和变革。以下是元宇宙发展历程中最具有时代意义的阶段性事件。

▌早期想象：理想中的数字王国

"元宇宙"概念起源于 20 世纪 90 年代的科幻小说和电影。其中，尼尔·斯蒂芬森的小说《雪崩》最早提出 "Metaverse" 这一词汇。在这部小说中，他描述了一个名为 "Metaverse" 的 VR 空间，用户通过头戴式显示器进入该空间，与其他用户互动，体验与现实世界完全不同的生活。此外，电影《黑客帝国》生动展示了元宇宙的概念：人们与虚拟世界之间的界限变得模糊，真实与虚拟交织，构成了一个错综复杂的数字生态。随着技术的进步，如今的元宇宙已经不再仅仅是小说和电影中的概念，而是逐渐变成了现实。

▌前身应用：虚拟世界的兴起和虚拟经济的探索

21 世纪伊始，互联网技术迅猛发展，为数字创新提供了肥沃的土壤。彼时，虚拟世界 Second Life 和 World of Warcraft 迅速获得了全球用户关注。这些虚拟世界为用户提供了一个全新的、沉浸式的数字空间，用户可以自由地探索、互动、创造并交易虚拟物品。

作为最早的开放式虚拟世界，Second Life 产生了一个庞大的虚拟经济体系，为后来的元宇宙发展奠定了基础。

World of Warcraft 则是一款史诗级的多人在线角色扮演游戏，在一个宏大的奇幻世界里，玩家可以在其中进行各种冒险、完成任务、组队竞技。

▌科技创新：VR/AR 技术顺势发展

以 Second Life 为标志的虚拟世界经历十余年爆发式增长后，逐渐进入成熟期，内部的虚拟经济增值呈现出平稳态势。学术界与产业界均认识到，虚拟世界如果封闭在自身的小宇宙里，最终将面临创新乏力的困境。要想保持虚拟世界的持续活力与经济繁荣，跨虚拟世界的价值流通及其与现实世界的联系不可或缺。

在虚拟世界的不断探索中，引入一些技术和机制，如建立在区块链上的 Web 3.0 模式，使虚拟世界之间以及虚拟世界与现实世界互联互通，至关重要。此外，基于计算机屏幕的虚拟世界体验，与现实世界的感官相比，始终存在一步之遥。

近年来，随着 VR 和 AR 的技术进步和普及，元宇宙的实际应用取得了长足进步。VR 技术使用户仿佛置身于另一个现实世界中，而 AR 技术为用户的日常生活施加了数字魔法，科技交融使得元宇宙不再是一个理论和想象中的概念，而是触手可及、未来已来的新世界。

▌蝶变前夜：大公司的元宇宙布局

脸书创始人马克·扎克伯格（Mark Zuckerberg）对元宇宙的前景充满了信心。他不仅将"Facebook"更名为"Meta"，更是明确表示未来十年内，公司的主要发展方向是元宇宙。他认为，元宇宙将是下一个大的社交平台，人们可以在其中工作、娱乐和社交。Meta已经投资多款与VR / AR相关的硬件与软件产品。Horizon Worlds是脸书推出的一个VR社交平台。脸书对元宇宙的投资无疑会对整个行业产生深远的影响。

作为搜索引擎巨头，谷歌对信息的获取和整合有着独特的优势。谷歌已经在其推出的应用程序软件ARCore上进行了多次更新，使其更加适应元宇宙的发展。此外，谷歌也在云计算、AI技术等领域进行布局，为元宇宙的发展提供技术支持。

早在几年前，微软就开始在VR / AR领域布局，如推出了HoloLens眼镜。微软也在其开发的云计算平台Azure上推出了专门针对元宇宙的服务和工具，帮助开发者创建和维护自己的虚拟世界。

苹果在VR / AR领域的投入持续增加，并发布了首款AR装置Apple Vision Pro头盔，定价3499美元。Apple Vision Pro搭载了5个传感器，被视为元宇宙的重量级产品，将会成为连接现实世界和元宇宙的桥梁。

这些科技巨头的加入，不仅会带来强大的技术支持，还能引入更多的资本和用户。

回顾元宇宙的发展历程，清晰可见技术是如何推动这一领域从雏形到成熟的。随着技术的不断进步和社会变革，元宇宙的发展势头将更加迅猛。

1.2.4　Decentraland：以太坊上的元宇宙

鉴于元宇宙的开放性特质，其每一步发展和迭代都与数字科技息息相关，特别是数字身份、数字化的社会经济结构，以及公开且透明的治理机制。这些需求可以通过区块链技术得以满足。区块链技术打破了由数据孤岛建立的信息壁垒，降低了中介成本，确保用户在链上的所有活动都是安全、公开、不可篡改的，并且留有可溯源的时间戳记录。这不仅保障了用户对其虚拟资产的所有权，还促进了数字资产的创造和流通，为元宇宙奠定了坚实的价值基础。

以太坊，由维塔利克·布特林（Vitalik Buterin）及其团队于 2015 年推出，是一个开放的区块链平台。它不仅允许开发者构建和部署去中心化的应用程序，而且引入了"智能合约"编程框架。这些智能合约在满足特定条件时会自动执行，为创建去中心化金融平台（DeFi）和去中心化应用（DAPP）等复杂应用提供了可能。因此，以太坊被誉为区块链 2.0 的代表性平台。

Decentraland 是一个基于以太坊区块链的虚拟世界。在这里，用户可以通过 VR 头盔沉浸于一个完全数字化的环境中。以下是 Decentraland 的发展历程。

• 2015 年：项目启动，最初的版本允许用户购买和编辑虚拟土地。

• 2017 年：推出 Alpha 版本，并在"Terraform 事件"中首次进行了土地销售。这些土地后来成为 Decentraland 的中心区域。

• 2018 年：发布 Builder 工具，允许用户在其土地上创建和开发 3D 内容。

• 2020 年：作为一个社交性质的虚拟世界，正式对公众开放。同年，推出了去中心化自治组织（DAO）。

Decentraland 为用户提供了购买、开发和售卖土地的平台，允许他们在土地上创建游戏、艺术品和应用程序，与其他用户社交互动并实时共同创建内容。其经济体系与现实世界的经济模式以 NFT（non-fungible token，非同质化通证）的形式相互结合，架构了现实世界和数字世界的桥梁。Decentraland 的繁荣证明了数字资产的价值和潜力。

Decentraland 的独特之处是其完全去中心化的特性，由 DAO 管理。所有虚拟土地和内容都存储在区块链上，确保了所有权和交易的透明性。这种去中心化的所有权模型确保了用户对其虚拟资产的完全控制，具有更高的安全性和透明性。

Decentraland 吸引了大量的开发者和用户。自 2021 年开始，Decentraland 与多个品牌建立了合作关系，如三星和雅达利（Atari）。也开展了一系列丰富的大型虚拟活动，如音乐节、艺术展览和游戏比赛。随着 VR 和区块链技术的进一步发展，Decentraland 成了元宇宙的经典应用。

第2章

虚拟世界的价值生态

　　数字化时代将社会生活推进到前所未有的新纪元，使虚拟世界与现实世界之间的界限变得越来越模糊。在这个时代，虚拟商品和服务不仅仅是数字化的代表，俨然已成为一个独特的价值生态系统的核心，虚拟世界行业的价值生态正在影响和重塑现实世界的社会经济形态与生活方式。

　　在虚拟世界中，用户的创造和交易行为创建了虚拟经济，其中的虚拟商品和服务同样承载着现实世界的价值。虚拟世界个人用户与平台之间的虚拟商品交易，以及用户与用户之间的虚拟商品直接交易，构建了 Web 3.0 经济的雏形。例如，好莱坞演员兼电影制片人乔恩·雅各布斯（Jon Jacobs）在 Entropia Universe 购买了虚拟土地，打造成夜总会 "Neverdie"（图 2.1）。2010 年，他以 635000 美元的价格卖掉了 "Neverdie"[1]，这是迄今为止最大金额的虚拟商品交易。2008–2009 年，Second Life 的虚拟商品月交易额价值高达 5000 万美元，成为最大的虚拟商品交易平台。

　　迈入元宇宙时代，虚拟商品交易更是快速增长。2021 年的全球虚拟商品市场收入约为 675 亿美元，预计在 2022–2028 年的预

---

[1] https://www.dailymail.co.uk/sciencetech/article-1330552/Jon-Jacobs-sells-virtual-nightclub-Club-Neverdie-online-Entropia-game-400k.html。

图 2.1 虚拟世界 Entropia 中的夜总会 "Neverdie"

测期内，复合年增长率（CAGR）将超过 20.2%，到 2028 年达到约 2036 亿美元[①]。

　　鉴于此，建立良好的虚拟世界价值生态已刻不容缓。利用现实世界的经济学理论理解虚拟商品的创造和交易过程，观察虚拟世界的市场需求和供需关系，有一定的参考作用。通过数字科技在虚拟世界创造虚拟商品，人们的想象力和创造力得到了前所未有的释放。虚拟商品类型多样，从虚拟化身的服装配饰、虚拟地产的建设装修材料，到复杂的数字艺术品，不断地更新着我们对虚拟商品价值、虚拟资产所有权的认识。虚拟商品的本质，既展现了其效用的功能价值，也将被虚拟社区中的社会和文化价值附加意义。

　　与传统市场相比，虚拟的市场机制也有其特殊性。虚拟世界的商品和服务不受物理限制，而虚拟商品价格受到一系列因素的影响，如原创性、稀缺性、独特性、虚拟社区的情感和文化价值等。此外，供需关系在虚拟世界中也呈现出不同的模式，因为供应可以是无限的，而需求受用户偏好、技术进步和社交趋势的影响。虚拟世界的

---

① https://www.credenceresearch.com/report/virtual-goods-market。

市场新动态要求我们重新思考虚拟商品的定价策略、营销策略和用户洞察。

2.1　虚拟商品

虚拟商品是在虚拟世界中存在的非物质性资产。区别于实体商品，它们没有实际的物理形态，而是由计算机程序和应用生成，完全以数字的方式呈现。这些商品的范围广泛，包括但不限于游戏内的物品、数字艺术品和虚拟货币。

在虚拟世界中，虚拟商品既可以由平台官方提供，也可以由用户自行创造。尤其在近年来的开放式虚拟世界中，用户创造的虚拟商品越来越受欢迎。通过交易这些商品，创作者甚至可以获得实际的经济收益。

与实体商品相比，虚拟商品具有以下独特的特点。

非物质性：它们完全是数字化的，没有实际的物理存在。

可复制性：在获得相应权限的前提下，虚拟商品可以被无限制地复制。

稀缺性：尽管虚拟商品可以轻易复制，但为了保留其价值，开发者或平台可能会人为地限制某些商品的数量。

持久性与消耗性：有些虚拟商品是持久的，可以永久使用且不会出现物理损耗。而有些虚拟商品是一次性的，如虚拟食品或游戏中的"能量药水"，使用后即消失。虚拟商品的性质完全取决于创建这个商品的计算机程序。

这些特点使得虚拟商品成了虚拟世界的重要组成部分，而且在当前的数字经济中扮演着关键角色。

2.1.1　虚拟商品的创造：艺术与技术的双重表达

在数字科技和互联网应用的快速演进中，我们的生活已不再局限于物质世界。虚拟世界里的每个用户都是独特的创造者，既是这个平台的开创者，也是内部生态的创造者。开放式的虚拟世界不被平台商所控制、不为被游戏规则所限制，用户可以根据自己的想象和创意，创造各种各样的虚拟商品，无论是虚拟的艺术品、虚拟的建筑，还是虚拟的生物。这种独特性使得虚拟世界充满了多样性和创新性，也使得每一件虚拟商品都成为一件独特的艺术品。想象一下，在虚拟世界里创造一个属于自己的岛屿，设计每一寸土地、每一棵树、每一座建筑。为这个岛屿创造一个完整的故事，让其他用户来参观、体验。或者，创造一个虚拟的雕塑，展现自己的艺术观念和技巧。还可以与其他用户合作，共同创造一个虚拟项目，分享彼此的创意和经验。

这种开放性和自由性为虚拟世界带来了无尽的活力，构建了真正的以创意为生产力的生态。

在创造虚拟商品时，创造力和想象力相辅相成。想象力让创作者能够构思出独一无二的创新，而创造力确保这些创新在虚拟世界中得以实现。这些虚拟商品不仅仅是具有经济价值的数字资产，它们更是充满活力的艺术作品。在这个数字化的时代，各种先进的技术工具和平台为虚拟世界的用户提供了舞台，让用户可以自由地展现自己的创意，创造出真正属于自己的虚拟商品。

艺术为创作者打开了一扇无尽的创造之门。每一件虚拟商品，不论是游戏中的角色、虚拟的宠物，还是数字艺术品，都是创作者情感和思维的反映。它们展现了创作者对现实世界的独特见解和情感体验。在这个创造过程中，艺术让创作者得以跨越物质世界的束缚，创造出令人惊叹的虚拟商品。

而数字技术为创作者提供了实现这些想象的工具。如果说艺术是虚拟商品的心灵，那技术便是它的骨架。先进的计算机技术和应用程序为创作者提供了平台，将他们的创意转化为真实的虚拟商品。在这个过程中，技术不仅是工具，而且是连接艺术与现实的桥梁。

2.1.2　虚拟商品的成本和效用

理解虚拟商品的经济学特征，是充分释放其价值的前提。在传统经济中，生产要素为土地、劳动与资本，实物商品构成了传统经济中生产与交换的主体。在以数字经济为基础的元宇宙里，生产要素与商品在形态上有显著变化，虚拟商品成为新的交换对象，即虚拟商品以数字形式表现于元宇宙中，模拟现实抑或超越现实的商品，如虚拟土地、虚拟飞船。虚拟世界里的人、物、时、空的产生和演变则构成了数字化的新型生产要素。

虚拟商品的经济属性与传统的数字化信息商品相似，如在线音乐、软件、电子书。它们都有相对较大的生产成本，但生产额外副本的边际成本可以忽略不计（SHAPIRO et al., 1999）。然而，它们有一个重要区别：虚拟世界中的消费者可能希望同时使用多个相同的商品，拥有相同信息商品的多个副本并不增加商品对买家的经济价值（VARIAN, 2000）。也就是说，同时使用多个相同的虚拟商品在虚拟世界中增加了消费者的效用，就像在现实世界中一样。具体来说，一个消费者可能需要在一个虚拟房间里有几把相同的办公桌，但不会购买几份相同的投影屏。在这方面，虚拟世界中的虚拟商品更像是现实世界中的实物商品，而不是传统的信息商品。因此，用户对虚拟商品的总需求遵循经济学中的需求理论。因此，创建虚拟物品时，创建者需要考虑虚拟商品的市场需求。

从生产者的角度看，虚拟商品与实体商品具有较大的差异性，基于其作为广义数字商品的可复制性，数字商品具有边际成本趋零的特点。具体而言，数字商品第一个副本的开发和创建会产生大量成本，类似于实体商品的固定生产成本。但数字商品可以在完成了第一次的设计、研发、创建后，在已有的计算机程序基础上，被轻松地复制，一键生成无限多的副本，且生产这些副本的边际成本可忽略不计。

此外，数字商品也不像传统实体商品那样有生产周期的限制，在近乎零成本生成大量副本的过程中，不会有额外的增量成本出现。实体商品的边际成本随产量增加有递减的趋势，但随生产规模扩大可能出现边际成本上升的阶段，因而在经济拐点面临生产效率及边际收益骤减；受市场环境影响，考虑到生产之外的其他成本及价格变化，实体商品的边际收益可能为负。但数字商品的边际成本随着生产数量的增加并不会增加，而是保持趋零；通常情况下，还可以保持稳定的边际收益。

从消费者的视角看，消费者可以同时拥有多个商品，商品的边际效用显著大于零，即每个实体商品都给使用它的消费者带来一定的效用。但是，在大多数情况下，广义的数字化商品，特别是信息商品不具有这个功能，即拥有同一信息商品的多个副本通常不会增加经济价值。例如，一个人为一首音乐的多个副本付费是没有意义的；多人同时在一个放映厅看电影，也只需放映一部。

与信息商品不同的是，在虚拟世界/元宇宙这样模拟甚至超越现实世界情境的数字化空间里，虚拟商品具有"数字化"形态，却兼有"实体"价值，堪称"数字化实体"！考虑到虚拟世界的实时性，类似实体商品，多个用户在虚拟世界同时同地使用虚拟商品时，虚拟商品的边际效用显著大于零。也就是说，在虚拟世界中，一个用户同时拥有一个虚拟商品的多个副本会增加消费者的效用。例如，消费者在设计虚拟餐厅时会放置多把相同的虚拟椅子招待客人。另外，数字化商品没有物理损耗，虚拟世界里的一些虚拟商品随时间变化可能会具有一定的艺术收藏价值，也就是出现边际效用递增的情况。

2.1.3　虚拟世界人、物、场的价值归属和数字确权

在虚拟世界和元宇宙中，虚拟商品因其数字化特性而具有可复制和无物理损耗的优点。这意味着其经济结构和价值呈现出一种特殊的模式：边际成本逐渐趋零，而边际收益或边际效用显著大于零，甚至呈现出随着数量的增加而递增的趋势。这种特性使得虚拟商品在虚拟世界中得以广泛生产和应用，为虚拟世界和元宇宙的经济发展提供了巨大的潜力。

虚拟世界的这种特性也为其价值确权提供了明确的方向。生产的边际成本接近零，强调了确权的重要性，既要鼓励创新，又要维护虚拟商品的稀缺性。在这种经济模式下，生产和消费的成本与效用关系激发了虚拟商品和环境的创造和使用热情。这为元宇宙创造了一个丰富多彩的生态，其中包括大量的人、物和场景。在这里，"人"尤指通过数字技术创建的 AI 数字化身，它们可以在虚拟世界或元宇宙中执行各种任务，如劳动和社交互动，可以带来巨大的工作效益；而"场景"指涉及各种人物和虚拟商品的活动和场合。

▌数字确权的理论依据

虚拟商品流通的实质是虚拟资产权属的转移和价值的交换。为了使虚拟世界的生态价值最大化，需要深入分析确权的主体、背景和需求，并制定合适的确权策略，再通过先进的数字技术将其付诸实践。针对具有多元主体、复杂权属的虚拟商品确权，需明确以下三方面的内涵：虚拟商品的权利属性、虚拟商品的权利主体和虚拟商品的权利内容。

　　虚拟商品的权利属性决定了其应受何种权利制度的保护。许多学者认为元宇宙中的数字商品同现实世界中的商品的价值来源相似，都受有用性和稀缺性这两个因素的影响，而这两个因素正是法律认定财产的积极条件，故而数字资产自然具有财产属性，应受产权制度的保护。产权制度包括物权、债权、知识产权及其他各种财产权制度，虚拟商品种类与情境的不同决定了它们所应用的权利制度有所不同。例如，基于"著作权自作品创作完成之时起就产生"的原则，数字艺术品自问世之日起就具备著作权，并需要进行权利认证；而购买的数字艺术品仅享有物权的保护，不享受著作权保护。由此可见，在元宇宙中对数字商品进行确权，必须依据其自身权利属性来精准选择适当的权利制度，以确保其权利得到尊重和保护。

　　虚拟世界的内容权利主体决定了权利属于谁，谁可以享受权利带来的利益。虚拟商品具有可复制和可二次创作的开放性，这使它们在一定程度上与传统的物理商品不同。如果权利归属被盲目地分配给单个主体，那么其他人将无法合法地访问、分享、二次创作该商品，这可能会阻碍商品价值倍增。在此情况下，虚拟商品的归属需要保护初创方的利益，同时又能促进消费者为商品价值增值做出贡献，以鼓励更多的创新和消费。因此，虚拟商品权属分配不仅要考虑单个或多个主体创建数字商品的初始权属的贡献，也要考虑其对商品二次加工的贡献，以有效保护各方利益并解决多元主体之间的利益矛盾。具体来说，确定虚拟商品初始权属的关键在于保护创作者权益，应该遵循"按贡献分配"的原则，根据在虚拟商品初始创建、发展等过程中所做的贡献的大小，公平地分配数字商品的初始权属。而分配虚拟商品的二次加工权属时，应该在保护初创者权益的基础上激励消费者参与能够使商品价值增值的创作。因此，二次加工权属可以考虑由原创者和二创者根据二次加工的程度、贡献、价值和双方谈判地位进行协商，并达成一致的分配方案。

权利内容决定了权利主体应当具体享有哪些权利。目前学界较为认可的观点是将数据要素权能界定为"三权分置"，即数据要素权能是一组所有权、使用权、收益分配权等组成的权利束，对由数据要素构成的商品也适用。另外，与实体商品不同，元宇宙中的虚拟商品具有极强的流动性，所以其权利内容并不是静态的资产，而是一种动态的权属结构。在讨论虚拟商品权利内容时，需要细致周详地追踪其具体权能的动态变化。

▌数字确权的具象需求

聚焦商品交易场景中数字商品确权的具象需求，是从确权理论迈向确权实践的首要环节。基于元宇宙内商品生产交易的各个场景的出现频率，元宇宙数字商品确权应着重关注三个场景下的确权：一是交易场景下的确权；二是复制场景下的确权；三是人工智能生成内容（AIGC）的确权。

虚拟商品交易场景下的确权关键在于验证交易主体身份并对各主体所应拥有的特定权利内容进行正确的配置。由于虚拟商品本身具有无形性，线上的交易过程也存在诸多不确定因素，所以在元宇宙中，验证交易当事人的身份资质是保证交易安全可信的先决条件。首先，要正确鉴别交易双方身份的真实性，确保交易发生在正确的对象之间。其次，要评判交易双方是否具有交易资质，以保障交易的合规性。最后，有必要制定标准化的身份验证协议，以保证不同平台和系统能够对用户的身份进行认证。因为元宇宙并不是一个孤立的世界，元宇宙内的虚拟商品交易不仅涉及单个虚拟世界内的交易，还可能涵盖多个虚拟世界之间，以及虚拟世界与现实世界之间的交易。确权时，对各主体所应拥有的特定权利内容的正确认定与配置同样关键。虚拟商品交易的客体通常不会局限于所有权，很多时候权利主体仅出售使用权，而保留其所有权。同一权利也存在被分割交易的情况。比如，元宇宙中许多商品都是由不同的用户协同创作的，那么这个数字商品的所有权应该属于参与创作的主体共有。所以，必须明确界定各个参与者对商品的贡献，并在交易时能正确识别和分配他们各自占有的所有权份额。此外，在交易过程中要兼顾用户隐私、数据安全等因素，以保证用户个人信息在交易过程中不外泄。

复制虚拟商品时，确权的关键在于锚定真正的权利主体，防止未经授权的复制行为。虽然数字商品可以轻易地进行无限复制，但是虚拟商品的原始版本是由享有著作权的权利主体所拥有并控制的，未获得著作权人的许可，他人不能随意地复制、发行数字商品，从而使虚拟商品呈现一定程度的独特性与稀缺性。未经权利主体允许的复制行为会导致盗版商品泛滥，使商品失去稀缺性，严重损害其价值和真正的商品创作者的收益。在这种情况下，建立一套可靠的确权机制来防止擅自复制的行为是虚拟商品确权的核心需求，确权机制应该锚定虚拟商品的"出处"，为谁现在拥有、谁以前拥有、创建的许多副本中哪一个是原始副本等问题提供无可争辩的答案，并依此对商品的复制权、发行权进行正确配置。

在上述情境中，虚拟商品的价值均为自然人通过计算机语言所创造。随着人工智能（如 ChatGPT、New Bing）的不断进步，AIGC也不断出现并为用户提供了价值。是否应该对 AIGC 进行价值确权存在争议。目前，学术界比较主流的观点是 AIGC 并不满足作品的条件，因此不受产权保护，但是 AI 算法被认为凝聚了人类的智慧，具有知识产权。美国版权局发布了关于 AIGC 版权认定的说明，表明 AI 自动生成的作品将不受知识产权保护，进一步支持了这一观点。据此，在元宇宙中，AI 生成的数字商品不被视为确权对象。

▎虚拟商品确权的实践探索

虽然虚拟商品确权涉及多权利、多主体、多场景，但重点在于验证权利主体，界定并分配权利内容，以保障虚拟世界的社会治理。以区块链技术为核心的系列解决方案有望为此提供有效的支持。

然而，在开放式虚拟世界及 Web 3.0 经济指数增长的时期（21 世纪 00 — 10 年代早期），区块链技术还未被广泛认知。尽管如此，许多虚拟世界已经为其内部的虚拟商品设置了各种各样的权限。

以 Second Life 为例，在这个允许用户自由创作的虚拟空间中，每一个虚拟商品在创建时都允许创作者设置三种权限：复制、修改和转让。无论该商品是否被授予这三种权限，创作者的信息都会随商品流通而保持在该商品的信息记录中。

实际上，Second Life 对虚拟商品的这种权限设置，反映了早期技术平台对用户所有权认知的探索。例如，复制权限实际上是对用户对数字商品盗版容忍度的一种测试；修改权限旨在挖掘用户对数字商品合作潜力的认知；而转让权限模拟了数字商品的二手市场，有助于探索虚拟经济的市场潜力。

区块链技术出现后，基于区块链技术的 NFT 协议为实现数字商品确权发挥着重要作用，如创建、交易和管理数字资产。通过 NFT 协议创建的 NFT 是一种不可分割的数字资产，代表着数字资产的所有权和唯一性。NFT 技术的应用范围非常广泛，文字、语音、视频等数字内容都可以通过创建唯一对应的 NFT，转化为可交易的数字商品。甚至通过综合利用数字孪生等技术，现实生活中的实体物品也能转化为虚拟世界的数字映射，实现现实世界与元宇宙的"商品流通"。除了能够实现不同权利的流动交易，NFT 还可以实现同一权利的分割交易。比如，只需要按照每个创作者的劳动贡献生成专属 NFT，就可以实现按贡献对权利进行分割，轻松解决多人协作商品权利变更的问题。

2.2 虚拟世界的价值流通

随着数字化时代的到来，虚拟世界中的价值流通已成为前沿学术研究和实践领域的热点话题。这一领域不仅涉及计算机科学、经济学、信息技术，还与社会学、心理学等多学科交叉。在元宇宙的广阔生态系统中，理解和掌握虚拟世界的价值流通机制显得尤为关键。

首先，我们必须明确虚拟世界中的价值流通是如何在各种虚拟环境中进行的。例如，一个虚拟城市中的地产开发商可能会购买虚拟土地，然后在其上建造虚拟建筑并出售或出租给其他用户。这些交易的背后是一套复杂的经济模型，涉及供需关系、货币政策和市场规则。

在 Decentraland 中，用户可以购买并拥有虚拟土地。这块土地的价值是如何确定的？是基于其地理位置、附近的设施，还是基于土地上的资源？再进一步，当用户在其土地上建造了一个宏伟的虚拟宫殿并决定出售时，它的价值又如何评估？这些问题不仅具有学术价值，而且对于虚拟世界的经济活动和用户体验具有实际意义，直接影响虚拟世界用户的经济利益和行为动机。

2.2.1 虚拟世界的市场特点和供需关系

随着虚拟世界／元宇宙行业的发展，虚拟世界经济已经逐渐成为全球经济的重要组成部分。与传统市场相比，虚拟世界市场具有一些独特的属性，这些属性造成了虚拟经济潜力和挑战并存的局面。虚拟市场及虚拟商品在虚拟世界市场中的供求关系有以下特征。

▎分散化

虚拟市场往往是分散的，没有单一的组织或机构控制或管理。这种分散化为虚拟市场提供了更高的灵活性和自适应性。

同时，分散化还为市场参与者提供了更高的安全性，攻击或操纵市场变得更为困难。而且，分散化也减少了单点故障的风险，增强了市场的韧性。

但是，分散化也会导致商品多样化，面临各种各样的竞争和挑战。例如，在 Second Life 虚拟经济繁荣时期，全平台虚拟商品总数过百万，但是在市场中广泛流通的畅销商品只有几千种。不到 1% 的畅销比例验证了分散化市场对商品创造者的考验。

▎全球化

与传统市场受地理、政治因素及国际贸易的限制不同，虚拟世界不受地理限制。这意味着任何人无论身在何处，都可以轻松进入市场，这为虚拟经济参与者提供了巨大的机会。

全球化还为虚拟市场带来了更高的流动性和更大的市场规模。这使得资本和资源能够更加高效地在全球范围内流动，从而促进虚拟经济的增长和繁荣。

▎数字稀缺性

在虚拟世界中，数字资产可以轻松地从一个用户转移到另一个用户。这种便捷的流通性为虚拟经济的发展提供了巨大的潜力。然而，与传统的物理资产不同，数字资产可以无限复制。

如何定义数字资产的稀缺性，是虚拟商品流通和价值体现的一个关键。例如，Second Life 为平台内建的虚拟商品提供复制、修改、转让三种可选权限，生动模拟了人们真实生活中的物品消费需求，又为具有数字属性的虚拟商品赋予了相应的市场消费权限。如何设置这些权限以及如何为虚拟商品定价从而贡献虚拟经济，是虚拟商品创作者值得思考和探索的问题。

区块链技术在虚拟世界发展中扮演着至关重要的角色。作为一个分布式、不可篡改的公共账本，区块链为虚拟市场提供了透明度和信任。所有交易都被记录在区块链上，任何人都可以验证和审计。这消除了欺诈和不正当行为，从而为市场参与者提供了信心。此外，区块链还为虚拟市场提供了智能合约功能，这些自动执行的合同可以根据预定的条件自动触发交易，从而简化和自动化交易过程。

另外，区块链技术还使得跨虚拟世界之间的虚拟商品交易成为可能，促进了数字经济的价值流通，这有利于元宇宙生态的稳定和安全。

2.2.2　虚拟商品定价

如上文所述，虚拟商品虽然功能效用和实体商品类似，但与数字化信息商品具有相同的成本结构：高固定生产（创造）成本和接近零的边际再生产成本。因此，信息商品的定价策略可以为虚拟商品的定价策略提供一些启示。

▌信息产品定价的国内外研究

Vivian 早在 1997 年就提出，信息商品版本差异化定价是为了通过提供不同质量级别的信息商品，以满足不同消费者的支付意愿。许多文章都基于公司的内部或外部因素，研究了信息商品如何差异化定价，如软件的企业版、家庭版、绿色版，会员等级收费等。以往的研究证明，信息商品版本差异化定价是一种吸引不同类型客户的有效方法，且不会增高成本或冒犯客户。如果市场出现垄断趋势，信息商品版本差异化定价可以带来最佳收益（BHARGAVA et al., 2008）。

有限功能版本的免费试用也是一种版本差异化定价的形式，也是信息商品增加用户的方式。研究证明，当网络效应强烈时，免费试用软件可以为后期营销带来更高的利润。多位学者也证明，网络效应的存在证实了免费试用对软件销售商更有利。

与信息商品版本差异化类似，虚拟世界中具有不同权限设置的同质虚拟商品，可以视作虚拟商品的不同版本。两种拥有不同权限的虚拟商品的差异化定价归因于相关的权限设置，而不是质量差异。

考虑到虚拟商品的权限与定价的关系，虚拟商品是否拥有复制权限与定价策略研究，可以参考无授权盗版市场的收益分析。盗版是市场上的非法复制产品，无论是匹配原始质量还是粗劣的模仿质量，都没有得到原创者许可，严重侵犯了原创者的权利。关于信息商品盗版研究的文献已有不少，其中不乏研究结果证明盗版的存在可能会带来正面或负面影响。复制信息商品可能会增加总社会价值，但是会损害创作者的收益（BELLEFLAMME, 2002）。盗版效应会降低卖家的定价能力（OESTREICHER–SINGER et al., 2006）。但在某些条件下，信息商品的盗版实际上可以增加卖家的盈利能力（VARIAN, 2000；CHELLAPPA et al., 2005）。在盗版存在的情况下，限制盗版产品并不会增加合法产品的利润（PAPADOPOULOS, 2004）。这些结果为虚拟商品的权限设置和定价研究提供了启示。

在线音乐和电子书籍都是典型的数字化信息商品。信息商品共享往往具有需求聚合效应，可减少买家的多样性（BAKOS et al., 1999）。保护数字化商品版权的有效方法是设置权限。然而，共享音乐会增加实际销量，但对音乐榜上排名较低的歌曲没有此正面作用（BHATTACHARJEE et al., 2006）。这说明，有可能通过免费传播带火高质量的原创艺术，再通过实体衍生品获利。音乐和开源软件的在线共享，可能被视为市场份额萎缩的原因，但并不一定对卖家有害（RAGHU et al., 2009）。这些看似矛盾的研究结果意味着，在虚拟世界的特定条件下，转让权限可能会增加虚拟商品卖家的利润，因为转售在二级市场的权利（或免费赠送）可能会促成更多的虚拟商品交易。

▌影响虚拟商品定价的其他因素

以 Second Life 为例，买家可以对虚拟商品发表评论，也可以在购买后对商品进行评价。每个虚拟商品获得的评价数和评价内容都显示在网页上。此外，虚拟商品的卖家可以通过付费方式，将自己创作的产品标记为"特色虚拟商品"。这些视同广告的因素也会影响虚拟商品的价格。

电子商务领域有大量关于在线产品价格的研究，特别是在线拍卖、用户生成内容（UGC），即口碑评论和用户评价对在线商品的影响。

经济学理论也可以应用于虚拟商品定价。规模经济理论（PANZAR et al., 1981）指出，当产品线增多时，生产多线产品的平均成本会下降。这种现象可以通过生产类似产品获得的专有知识和学习来解释。虽然这个理论最初是针对实物商品的，但是虚拟商品在效用上履行了数字世界中实物的功能，因此也可以用于虚拟商品定价参考。

具体而言，创作者通常花费大量时间设计、研究、学习 3D 建模技能等，来创作出他们的第一个虚拟作品，但后续创作上花费的时间和经验成本会大大减少。他们创作的商品越多，创建额外虚拟商品的平均成本就越低。也就是说，对创作者而言，创作多个不同虚拟商品的边际成本递减。因此，研究虚拟商品价格时，创作者在虚拟世界中的创作总量也应作为模型中的控制变量考虑。

此外，虚拟商品的价值还受社区共识和市场情绪的影响，虚拟世界中的群体意见和共识对虚拟商品的价值有着重要影响。正面的新闻或事件可能会推高商品的价格，而负面的新闻或事件可能会导致价格下跌。在虚拟世界里进行大规模用户的实时集体活动时，意见领袖的发声将会带来极具倾向性的引导。

2.2.3　虚拟商品交易的媒介

虚拟商品交易的历史可以追溯到 20 世纪 90 年代的在线游戏，当时玩家在第三方平台上交易游戏内的虚拟物品，如武器和装备。随着时间的推移，为了方便用户和获取更多的衍生价值，许多虚拟世界开始提供内部交易平台。同时，开放式的虚拟世界也都有自己的交易媒介，即早期的虚拟游戏币，用户可以通过购买、交换或完成任务来获得。

随着 NFT 技术的发展，近年来出现了许多专门的虚拟商品交易平台，方便艺术家、创作者和投资者交易和展示虚拟商品。典型如 OpenSea、Rarible 和 Foundation 等数字资产交易市场，为用户提供了安全、透明和去中心化的交易环境。

数字通证，尤其是 NFT，为虚拟商品交易提供了独特的媒介。与传统的数字资产不同，NFT 建立在区块链上，是唯一的，不能被替换。这为虚拟商品赋予了稀缺性和独特性，从而增加了其价值。此外，数字通证提供了透明度和安全性，确保虚拟商品交易的真实性和不可篡改性。并且，数字通证实现了跨虚拟世界的数字资产交易，保障了数字经济生态的流动性和开放性。

随着区块链技术的发展，以及用户对数字资产的存证、确权、交易等需求的增长，虚拟商品的种类和价值将持续增长，虚拟商品交易模式会更加安全、高效、灵活。

2.2.4　虚拟世界的生命周期和运行规律

虚拟世界从最早期人们对现实世界的短暂逃离渠道，发展至今已成为现实世界里社会、经济不可或缺的组成部分和重要补充。随着数字科技的发展，和人们对虚拟世界的需求及依赖，从在线游戏到社交媒体平台，再到现在的元宇宙，虚拟世界经历过爆发式增长，也遇到过发展的瓶颈。与现实世界的多数现象一样，虚拟世界也有其生命周期和运行规律。

生命周期一般分为导入期、成长期、成熟期、衰退期四个阶段。对于虚拟世界，每个阶段都有其特点和挑战。

初始阶段：通常只有一小部分先驱者和开发者参与。这个阶段往往只有虚拟世界的先驱者在此遨游，基础设施和规则逐步形成，用户数量有限。

增长阶段：随着用户呈指数增长，虚拟世界开始迅速扩张。正如 2006 年美国多家媒体报道 Second Life 里出现了第一位通过虚拟资产创建、交易、经营而成为现实中的百万富翁的成功事例后，大量对自由创造的虚拟世界感兴趣的玩家、学者、投资者、虚拟经济从业者纷纷涌入，虚拟世界内部市场活动急剧增加，新的商业模式和机会不断涌现，整个平台的虚拟商品交易量和金额也不断创新高。

成熟阶段：有条件、有兴趣的用户都已注册，虚拟世界的人口基数趋于稳定。同时，由于创意的局限，虚拟商品和虚拟世界场景设计的创新性难以维持高速增长，虚拟商品交易和市场需求逐渐饱和。虽然仍有新用户加入，但增长速度已经放缓。这也是虚拟世界最为繁荣的时期（21 世纪 10 年代）。

衰退或演变阶段：随着用户活跃度的变化，虚拟世界面临衰退或演变。一些虚拟世界因为无法适应变化而停用，另一些则会通过科技创新升级而焕发新的生命力。例如，Second Life 始终处于在线状态，已成为虚拟世界的博物馆级应用。在元宇宙概念的冲击下，其创始人 Philip Rosedale 回归 Linden 实验室战略规划，引入区块链和人工智能等新科技，以加持 Second Life 的涅槃。

2.2.5　创新能力对虚拟世界生态的影响

虚拟世界几乎为用户提供了无界的创意空间。用户可以根据自己的想象力创造各种各样的物品、服务、活动。在这个数字世界中，创新能力是推动发展的关键因素，对虚拟世界生态的影响有着举足轻重的作用。

在 Second Life 这类带来虚拟经济繁荣的虚拟世界进入成熟期以后，也面临着在行业衰退或演变。Linden 实验室创始人 Philip Rosedale 带队探索新兴科技及应用，令 Second Life 这个博物馆级别的虚拟世界在日新月异的竞争中常青。例如，VR 技术为用户提供了沉浸式体验，使得虚拟世界与现实世界之间的界限变得模糊，增强了虚拟世界用户真实感；AR 技术使得虚拟世界与现实世界的互动变得更加自然和流畅，用户得以在现实世界中看见虚拟物品或角色；区块链技术为虚拟世界提供了安全交易平台，确保了用户的虚拟资产的安全，也实现了跨虚拟世界的价值流通。

随着虚拟世界的复杂性增加，创新的成本，如资金成本、时间成本、人力资源成本、知识和经验成本等，呈现递增的趋势。

▌创新的边际效应递减

根据经济学中的边际效应递减原理，当一个生产要素在数量上增加，其他生产要素保持不变时，该生产要素的边际产出会逐渐减少。这一原理同样适用于创新。随着技术的进步，每一次创新都需要更多的资源和时间，但带来的效益逐渐减少。这意味着为了获得同样的创新效果，需要付出更多的成本。

▌知识的复杂性增加

数字科技发展所需的知识体系越来越复杂。为了创新和突破，研发团队需要掌握更多的知识和技能。这不仅增加了培训和学习的成本，还可能导致创新速度放缓。

▌竞争导致的成本上升

虚拟世界／元宇宙行业的竞争日益激烈，企业为了保持竞争优势，往往需要不断加大研发投入。这不仅会直接增加研发成本，还可能导致企业为了快速创新而冒更大的风险。

▌创新的不确定性增加

创新本身就是充满不确定性的。在全球宏观经济环境下，机会与风险共存，新技术的发展方向和市场反应都存在很大的不确定性，这使得创新的风险成本增加。

但无论如何，创新能力仍是推动虚拟世界生态发展的关键因素。企业和研发团队需要找到平衡，既要保持创新活力，又要控制创新成本。这就需要更加明智的资源分配、更加深入的市场研究以及更加开放的合作模式。在封闭的虚拟世界内，创造力在成本不断高升的情境下会面临枯竭，只有开放、互联才能实现创意共享、跨平台资源整合的群体优化。

元宇宙的理想状态就是多个虚拟世界以及现实世界的数字系统都能够万物互联、价值流通，让人们的工作和生活更好地虚实融合。5G 技术为元宇宙提供了更加快速和稳定的网络环境，让用户体验和工作更流畅。人工智能技术为元宇宙提供了更加智能的互动体验，使得虚拟世界更加真实和有趣。未来全新的交互方式也将被引入，如思维控制、生物识别等，为用户提供更直观和自然的交互体验。

2.3　基于 Second Life 的虚拟经济研究

在 Second Life 中，虚拟商品的创建者可以为下一个所有者分配权限，如复制、修改或转让。这三个权限之间既不是有序，也不是嵌套的关系。创建者可以同时分配几种权限，也可以完全不分配权限。因此，为出售而创建虚拟商品时，有八种可能的权限设置："复制""修改""转让""复制、修改""复制、转让""修改、转让""复制、修改、转让"和"无权限"。

例如，拥有修改权限的虚拟裙子买家可以根据他们的喜好更改颜色或大小，除非授予复制或转移权限，否则他们不能制作额外的副本或在虚拟商品市场上转售这条虚拟裙子。当虚拟裙子被分配复制和转让权限时，买家可以制作她想要的尽可能多的副本，并在虚拟世界中转让它们，无论是将副本转售给他人还是免费赠送。而修改权限则使得用户可以根据自己的需求更改虚拟裙子的颜色，或者根据自己虚拟化身的特点改变虚拟裙子的尺码等。Second Life 中虚拟商品权限的独特设置反映了现实世界的消费者行为，因为人们购买实物商品时会做出类似的决策：我是否需要几个相同的物品（复制）？我可以缩短裙子以更好地适应我吗（修改）？我应该为朋友买这个作为生日礼物吗（转让）？图 2.2 展示了同样的虚拟商品不同权限设置的情况。

下面根据两篇已发表论文，深入剖析以虚拟世界的虚拟商品定价和权限设置的策略。首先，通过理论经济学模型构建博弈论模型，并通过仿真数据预测虚拟商品的价格规律；再提取 Second Life 虚拟市场全平台的虚拟商品数据，用计量经济学模型进行实证分析。

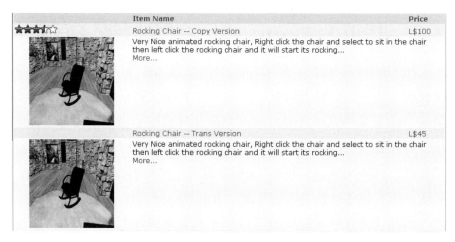

图 2.2 Second Life 中的虚拟商品权限设置

这两篇十余年前发表的论文，是学术界最早的虚拟经济研究，旨在为当前元宇宙里的 NFT 价值确权、NFT 二级市场交易、创作者版权保护机制，以及区块链技术使能的 NFT 信息可溯源且不可篡改等特征带来应用启示。

2.3.1　虚拟商品定价的博弈论建模和仿真

一篇论文（BA S et al., 2010）用理论经济学方法研究虚拟商品的定价问题，通过建立博弈论模型，并以参数仿真方法预测虚拟世界经济的发展趋势；提出数字化商品只有实现跨平台的价值流通才能保持数字原生品市场持续繁荣的观点，为区块链及跨链技术成为数字经济转型的基石提供了经济学理论基础。这是学术界最早关注元宇宙前身 Second Life 虚拟世界的经济学研究，这篇论文因其创新性和前瞻性、对虚拟世界经济的深度分析，获评了当年的"信息系统学科年度最佳论文奖"[①]——由国际信息系统学会（Association

---

[①] https://ishistory.aisnet.org/awards/ais-best-information-systems-publications-awards/。

for Information Systems，AIS）遴选年度最具杰出贡献的论文授奖。

具体而言，这篇论文旨在探究虚拟商品的创建者是否授予该虚拟商品复制权限，并通过博弈模型和仿真数据分析研究，在什么条件下设置复制权限对虚拟商品的创建者来说是更佳策略（目标是利润最大化），以及当虚拟商品创建者选择授予复制权限时，应如何动态定价。基于理论模型的仿真结果证实，当消费者需求随着时间的推移存在更多不确定性时，允许复制虚拟商品是一种更稳健的策略，比没有为虚拟商品分配复制权限时产生的利润更高。此外，与直觉相反，垄断创造者可能会更好地根据当前的需求对虚拟商品进行定价，而完全忽视未来可能的需求。

▌仿真计算结果

此文构建了一个多阶段动态定价博弈模型，其中虚拟商品的创建者试图通过出售其虚拟商品来最大化利润，并选择是否授予复制权限来出售虚拟商品。考虑到虚拟世界是一个新现象，用户基数仍在扩大，合理地假设从一个时期到下一个时期，虚拟世界的新潜在消费者数量按照公共比率 ξ 的几何级数增长。假设第一个时期（ $t=0$ ）的消费人口为 1，下一个时期为 $1+\xi$（ ξ 为新进入市场的潜在消费者），t 时期的总消费人口为 $1+\xi+\xi^2+\cdots+\xi^t$。当 $\xi>1$ 时，可以模拟一个虚拟世界仍处于其指数增长阶段，即 S 形曲线的第一阶段；当 $\xi<1$ 时，人口增长处于饱和阶段，即 S 形曲线的第二阶段；$\xi=0$ 时，人口不再增长。此文聚焦于有限时间范围，否则 $\xi>1$ 会导致消费人口无限，无限时间范围模型的结果可能不现实。因此，我们的消费人口增长被允许呈 S 形，如经济学和营销文献中常用的逻辑函数（VERHULST, 1838）。例如，Bass 扩散模型显示，新产品的新采纳者数量随时间呈 S 形。但 Bass 模型是一个经验模型，适用于随时间适应和扩散新产品，而我们的模型考虑了人口的 S 形，即潜在的客户基础。在本文的模型中，最终产品采纳程度即是卖家定价策略的效果。

此文将虚拟商品建模为离散对象，即最小购买量为一个单位。在经济学上，只需要一个总需求函数就可以确定最佳价格，但虚拟商品的复制权限要求我们在个体消费者层面上建模。因此，该模型跟踪有多少人正在购买，以及这些买家购买了多少单位——在复制权限下每个买家将确切地获得商品的一个单位。允许消费者在他们的需求函数中存在异质性，这是由其类型 α 决定的。当虚拟商品的价格为 p 时，类型 α 消费者的总需求 q 为

$$q(p)=\alpha-\beta p \tag{2.1}$$

因此，参数 α 可以解释为类型 α 消费者在价格为零时想要的最大数量（这里不考虑转售虚拟商品，假设虚拟商品只用于消费）。参数 β 反映了需求对价格的敏感性，即需求如何随价格上升而减少。为了允许消费者异质性，假设参数 α 在区间 $[1, \bar{\alpha}]$ 均匀分布。其中，$\bar{\alpha}$ 表示任何消费者想要的最大数量，$\bar{\alpha}$ 的确切值取决于虚拟商品的性质（如房子的值较低，花的值较高）。

假设卖家是垄断者，即他是特定虚拟商品的唯一创建者。然而，对于某种虚拟商品（如鞋子），可能有很多替代品（但是没有两种商品完全相同且是彼此的完美替代品，因为这相当于侵犯了版权）。在这种情况下，垄断者将面临高价格弹性的需求：稍微改变销售价格，许多消费者就会转向替代品，原始商品的需求将大幅下降。如果虚拟商品相当独特，卖家将面临低价格弹性的需求，这转化为 β 的较小值。因此，需求的价格弹性（即价格变化 1% 时的需求变化百分比）为

$$\frac{\dfrac{dq}{q}}{\dfrac{dp}{p}} = \frac{-p}{\alpha/\beta - p} \tag{2.2}$$

可见，虚拟商品需求的价格弹性只取决于 α/β，而不取决于 α 和 β 的具体值: 高比率对应非弹性需求（垄断者拥有很大的定价权），低比率对应弹性需求（由于存在许多类似的虚拟商品，卖家的定价权很小）。

消费者的购买行为如下。在初始时期，卖家设定价格 p_0。如果价格使消费者愿意购买，即 $q(p) > 1$，则表明类型 α 消费者在虚拟商品没有复制权限时购买了 $[\alpha - \beta p_0] > 1$ 个单位。如果商品有复制权限，消费者同样会购买商品，但他们只会购买一个单位（然后复制它）。简单起见，假设消费者购买后离开市场，即没有重复购买者。没有在时期 t 购买的消费者留在市场，并且在价格下降到足够低，即 $q(p) = \alpha - \beta p \geqslant 1$ 时成为买家。因此，在初始时期 $t = 0$ 之外的每个时期 t，需求由两部分组成：尚未购买的上一个时期的剩余消费者，由参数 ξ^t 指定的进入市场的新消费者。假设消费者是短视的，只要价格足够低，他们就会购买。假设消费者不会采取策略行动并选择等待价格进一步下降，以便他们的净利润更高。这将导致众所周知的 Coase 猜想现象：没有人会购买，直到价格达到边际成本——在此情况下是零。该假设是合理的，与经济学对 Coase 猜想的有效性的观点相一致。一些作者（BAGNOLI et al., 1989; MØRCH VON DER FEHR et al., 1995）指出，如果垄断者有耐心，承诺在出售所需数量的单位之前不降低价格，Coase 猜想就不再成立；反之，结果满足 Pacman 猜想，即垄断者可以通过"吃掉需求曲线"来获取所有的盈余。

$f(\alpha)$ 表示类型 α 消费者的概率密度，对于 $f(\alpha) > 0$ 和 $f(\alpha) = 0$，

没有复制权限，当价格在时期 t 设定为 p_t 时，剩余客户和新客户出售的总单位数为

$$D_t^{\text{NOCOPY}} = \frac{1-\xi^t}{1-\xi} \int_{1+\beta p_t}^{1+\beta p_{t-1}} (\alpha - \beta p_t) f(\alpha) d\alpha + \xi^t \int_{1+\beta p_t}^{\bar{\alpha}} (\alpha - \beta p_t) f(\alpha) d\alpha$$

（2.3）

如果价格随时间保持不变或增加，则剩余需求为零。然而，最佳价格始终是非增加的，其数学原理已被证明（BESANKO et al., 1990）。如果在某个时期，价格上涨，那么上一个时期的剩余客户在当前时期将不会购买（他们之前能以更便宜的价格购买）。换句话说，这个时期只有虚拟世界的新用户才会购买。这样的策略（价格随时间上涨）最大化了卖家的利润，那么在上一个时期也可以使用相同的策略。也就是说，通过在上一个时期提高价格，也应该可以用更高的价格获得更高的利润。因此，这表明这个时期的价格太高，或者上一个时期的价格太低，与价格—时间表的最优性矛盾。

有了复制权限，消费者将购买一个或零个单位，时期 t 的总需求变为

$$D_t^{\text{COPY}} = \frac{1-\xi^t}{1-\xi} \int_{1+\beta p_t}^{1-\beta p_{t-1}} f(\alpha) d\alpha - \xi^t \int_{1+\beta p_t}^{\bar{\alpha}} f(\alpha) d\alpha$$

（2.4）

实际上，个体消费者的需求 q 是离散的。但是，将所有消费者类型的需求聚合起来，就可以得到一个连续的需求函数。由于虚拟商品创建者（卖家）的边际成本为零（在这个时期创建虚拟商品的固定成本已经沉没），所以时期 t 的利润可以简单表示为 $p_t D_t$。

在一个多阶段动态定价博弈模型中，卖家的当前行为会影响未来的需求和利润。例如，如果卖家当前的价格定得很高，一些消费者可能不会购买；但当价格降低时，他们可能会成为买家。此文研究了两种策略：一种卖家是短视的，只优化当前利润，不考虑对未来利润的影响；另一种卖家是前瞻性的，考虑当前行为对未来利润

的影响。卖家不能同时是短视的和前瞻性的。一个完全理性的卖家是前瞻性的，会根据每种权限策略在不同时期的最优价格最大化地确定折现利润（折现因子为 δ）。因此，与短视的卖家相比，前瞻性的卖家起初会设定更高的价格，首先捕获较不敏感的消费者，并在未来时期降低价格以满足当前非买家的需求。这类似于撇脂定价策略，卖家首先尝试将其产品销售给愿意支付更高价格的消费者（SIMON, 1989）。在许多情况下，根据卖家是否短视，各种策略的结果可能会有所不同（HANSSENS et al., 2003），下文仿真计算模拟短视或前瞻性卖家的定价策略如何影响其是否授权复制策略。

仿真计算结果

我们运行了多个不同参数的场景。本小节呈现的观察结果基于许多参数值范围的数值模拟（包括不同的时间范围），显示的图表只是众多模拟的一些代表性样本。模型中采用的策略缩写如下。

- FNC：不授权复制权限的前瞻性卖家
- MNC：不授权复制权限的短视卖家
- FC：授权复制权限的前瞻性卖家
- MC：授权复制权限的短视卖家

情况 1：完全信息的消费者需求

在这种情况下，虚拟商品创作者知道市场需求是什么，即 α、β 和 ξ 的值是已知的。我们根据虚拟商品的性质提出两个情境：一是人们不希望拥有虚拟商品的多个副本（即 $\bar{\alpha}=1.2$），二是消费者通常更喜欢拥有一个商品的多个副本。此外，我们还研究了人口增长率对价格和利润的影响。

在第一个情境中，虚拟商品可能是房子、游艇等昂贵或不需要多个副本的物品。我们改变了时期的数量，但始终观察到相同的现象。图 2.3 显示了 10 个时期的价格方案，短视卖家对授权复制或不授权复制的最优定价策略是相同的，因为 MNC 和 MC 的价格曲线是重叠的。

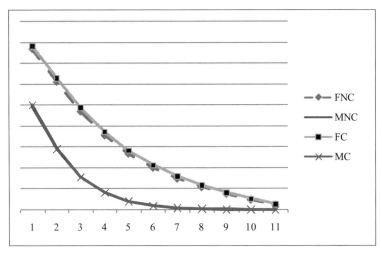

图 2.3 不同定价策略的价格比较（$\xi = 0.2$，$\bar{\alpha} = 1.2$，$\beta = 1$，$\kappa = 0.9$）

正如预期，短视卖家设定的价格低于前瞻性卖家设定的价格。此外，当卖家授予虚拟商品复制权限时，他预期一些消费者可能想要多份副本，因此提高了获得虚拟商品的价格。前瞻性卖家起初设定的价格相当高，而短视卖家设置的初始价格较低。

图 2.4 显示了不同定价策略的累计利润。这些数据并未显示出任何意料之外的情况。短视策略的初始利润较高，但前瞻性策略的累计利润更高。不授权复制权限策略的利润只比授权复制权限策略的略高。

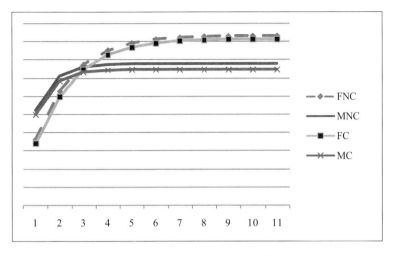

图 2.4　不同定价策略的累计利润比较（ξ=0.2，$\bar{\alpha}$ =1.2，β=1，κ=0.9）

在第二个情境中，消费者通常更喜欢拥有一个商品的多个副本，如宠物、家具或园艺物品（灌木、树木）等，如图 2.5、图 2.6 所示。模型中消费者对同一商品的多个副本的需求是通过增加 $\bar{\alpha}$ 值来实现

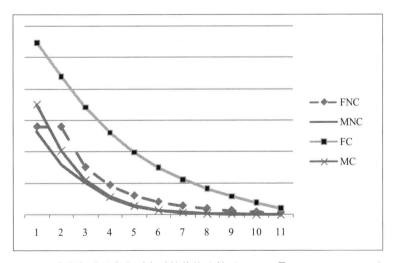

图 2.5　消费者需要多个副本时的价格比较（ξ=0.2，$\bar{\alpha}$ =15，β=1，κ=0.9）

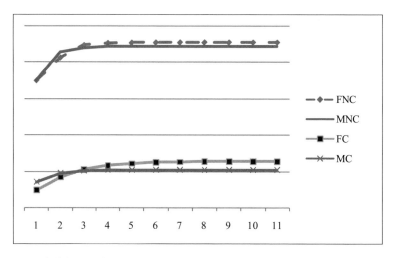

图 2.6 消费者需要多个副本时的累计利润比较（ξ=0.2，$\bar{\alpha}$=15，β=1，κ=0.9）

的。在这种情况下，授权复制权限策略的价格明显高于不授权复制权限策略：卖家预期典型的消费者会制作多个副本，因此会相应地提高价格。然而，这种价格上涨不能完全抵消收入损失——授权复制权限策略的利润明显低于不授权复制权限策略。这是因为采用授权复制权限策略的卖家不能彻底区分消费者是想要多个，还是只想要几个虚拟商品。为了从想要多个副本的消费者那里获得足够多的收入，卖家冒着失去只想要几个副本的消费者的风险，提高了商品的价格。这支持了"如果有人想要多个副本，他应该为此付费"的直觉。因此，结论如下。

结论 1：当消费者通常只想要很少的商品副本时，授权复制权限策略的价格和利润接近不授权复制权限策略。消费者想要的副本越多，不授权复制权限策略越有利。

结论 2：短视策略的价格始终低于前瞻性策略。

结论 2 意味着短视卖家忽略了未来的需求，并以较低的价格开始售卖商品。这会导致未来时期的剩余需求减少，因此价格下降的速度甚至比采用前瞻性策略时还要快。

　　接下来研究随着消费者基数的增长，价格如何变化。图 2.7 显示了消费者增长仍处于指数增长阶段时的价格。在这种情况下，前瞻性策略的价格除了在较晚的时期，保持得更稳定。前瞻性策略的价格在最后两个时期开始迅速下降。这可以用博弈论中的结局效应（MILGROM et al., 1992）来解释：最后时期不再考虑未来时期的影响，最优策略会发生变化。这意味着卖家试图在最后的时期捕获尽可能多的消费者，未满足的需求预计将永远丧失。对于不授权复制权限的前瞻性策略，价格在整个时间范围内几乎保持不变。图 2.7 显示了一个反直觉的现象，即授权复制权限策略的价格并不总是高于不授权复制权限策略，无论是前瞻性策略还是短视策略。但即使在这种情况下，结论 1 和结论 2 仍然成立：累计利润与图 2.4 相似。因此，当人口指数增长时，之前的观察仍然成立，唯一的区别是价格似乎更稳定。

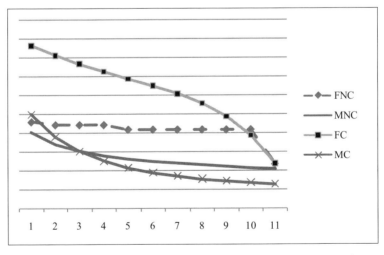

图 2.7　用户指数增长时的价格比较（$\xi=0.2$，$\bar{\alpha}=6$，$\beta=1$，$\kappa=0.9$）

情况 2：不完全信息的消费者需求

以上的分析中，使用授权复制权限策略的优势尚不明显。模型只显示了最初的直觉是正确的："为什么要免费提供副本，而不是售卖它们？"这基于所有参数都已确切知道的前提。在实践中，卖家可能无法获得虚拟商品需求的完全信息。下面研究不完全信息背景下是否以及如何影响卖家的利润。首先，研究需求预测偏差的影响，即当参数 $\bar{\alpha}$ 不确定时。接着，研究需求敏感性（β）如何影响卖家的利润。最后，分析人口增长（ξ）因素的影响。

假设卖家高估了商品需求。这意味着用于计算价格的 $\bar{\alpha}$ 高于真实值，即假设消费者对虚拟商品副本的兴趣比他们真正的兴趣高。这如何影响利润？一方面，高估需求将导致价格比最佳价格高，从而产生更高的单位利润率；另一方面，较高的价格将减少需求量。因此利润的净效应取决于这两种效应量的相对大小。

图 2.8 显示了卖家高估市场需求时的价格比较。可见，完全信

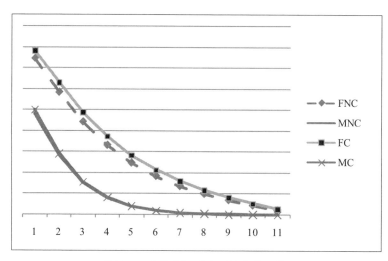

图 2.8 高估市场需求时的价格比较
（$\xi=0.2$，$\beta=1$，$\kappa=0.9$；假设 $\bar{\alpha}=1.5$，但实际 $\bar{\alpha}=1.2$）

息背景下的结论 2 仍然成立：前瞻性策略的价格高于短视策略的价格。图 2.9 显示了在知道真正的消费者需求后的累计利润。对于前瞻性策略（价格起初很高），利润最初为零。由于短视策略的初始价格较低，因此利润从一开始就是正的。然而，对于短视和前瞻性卖家，授权复制权限策略的累计利润都高于不授权复制权限策略。这与完全信息背景下的结论 1 形成了鲜明的对比。然而，为了使授权复制权限策略比不授权复制权限策略更有利，必须高估需求。例如，一个人对需求估计过低，那么不完全信息接近完全，结论 1 就会占上风。随着需求预测的偏差增大，授权复制权限策略最终变得更有利。值得注意的是，低估需求有利于不授权复制权限策略。也就是说，如果买家要购买的商品数量超过了卖家的预期，那么不授权复制权限策略总比授权复制权限策略更有利。

这些结果解释了为什么在虚拟世界中授权复制权限策略较常见。在所有潜在的买家中，卖家需要找出他们中有多少人愿意支付一定的价格来获得至少一个单位的虚拟商品。在不授权复制权限策

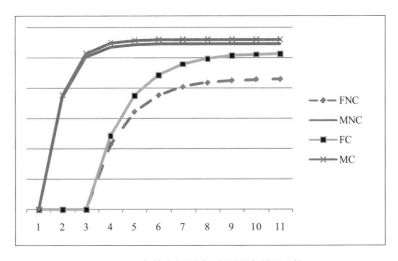

图 2.9　高估市场需求时的累计利润比较
（ξ=0.2，β=1，κ=0.9；假设 $\bar{\alpha}$= 1.5，但实际 $\bar{\alpha}$=1.2）

略下,卖家必须确定每个买家愿意以某个价格购买多少单位的商品。因此,需要更多的信息确保实施的策略是正确的。由此,我们得出了结论 3。

结论 3：当需求被高估时,授权复制权限策略的累计利润高于使用不授权复制权限策略。

结论 3 同样适用于较短的时间范围。例如,在两期或三期模型中也观察到了这种现象。然而,短视策略并不总是能产生比前瞻性策略更高的利润。尽管如此,授权复制权限策略的利润仍然高于不授权复制权限策略。

接下来,研究卖家误判了需求的价格敏感性的影响,如卖家假设虚拟商品的需求对价格的敏感性低于实际情况会发生什么。这在模型中意味着设定价格时的 β 值低于真实值。低需求敏感性说明价格上涨只会对需求产生很小的影响,即卖家具有很大的定价权。当虚拟商品独一无二、难以替代时,就会出现这种情况。图 2.10 显示了在这种情况下的利润比较,即结论 4。

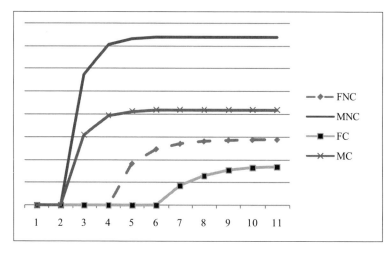

图 2.10 错估价格敏感性时的累计利润比较
($\xi=0.2$, $\bar{\alpha}=6$, $\kappa=0.9$；假设 $\beta=1$, 但实际 $\beta=6$)

结论 4：当需求对价格的敏感性高于预期时，短视策略的利润高于前瞻性策略。

同样，和结论 3 的讨论类似，在不完全信息背景下，当需求的价格敏感性预估准确时，前瞻性策略仍优于短视策略。此外，高估需求敏感性时，前瞻性策略也优于短视策略。总之，当卖家倾向于高估需求（结论 3）或高估他们的定价权（结论 4）时，短视和授权复制权限策略更稳健。

在不完全信息背景下，价格如何依赖消费人口增长率？仿真数值分析显示，尽管价格受到增长率的影响，但所有策略似乎都受到同样程度的影响。图 2.11 显示了典型的模拟结果。实际情况对应图 2.3 和图 2.4 所示的情境。然而，假定的增长率大约是实际增长率的四倍。图 2.4 和图 2.11 显示的利润差异是明显的，但不同策略下利润排序不变。因此，研究得出了结论 5。

结论 5：人口增长率影响价格，但实际增长率的不完全信息在同样程度上影响所有策略。

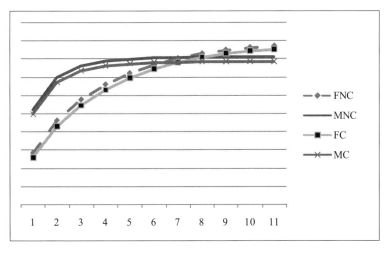

图 2.11　错估消费人口增长率时的累计利润比较
（$\bar{\alpha}$=1.2，β=1，κ=0.9；假设 ζ= 0.8，实际 ξ=0.2）

在虚拟世界中，准确估计消费者需求的确很难。此文研究表明，在不完全信息背景下，授权复制权限策略应对需求信息的预测偏差是稳健的。此外，长期前瞻性撇脂定价策略（SIMON, 1989）也对消费者需求预测非常敏感。表 2.1 总结了仿真数值分析的发现。

表 2.1　各种情境下不同策略的利润比较

情境	参　考	信息是否完全	利润比较
不需要多件副本（$\bar{\alpha}$ 低）	结论 1	是	授权复制 ≈ 不授权复制
需要多件副本（$\bar{\alpha}$ 高）	结论 1	是	授权复制 < 不授权复制
高估需求（$\bar{\alpha}$ 很高）	结论 3	否	授权复制 > 不授权复制
低估需求（$\bar{\alpha}$ 很低）	结论 3	否	授权复制 < 不授权复制
低估需求敏感性（β 很低）	结论 4	否	短视 > 前瞻性
高估需求敏感性（β 很高）	结论 4	否	短视 < 前瞻性

研究展望

虚拟世界作为互联网的一种新业态，吸引了众多组织和个人的关注。他们纷纷涌入这片新领域，探索虚拟世界对现实世界活动（如沟通、合作、经济和社会行为）的潜在影响。

本研究着力于授权复制权限设置下虚拟商品的定价问题，从经济角度对虚拟世界进行探讨。如前所述，在虚拟世界中，消费者可能会要求同时使用同一产品的多个副本。那么，对于虚拟商品创造者，根据什么标准来分配授权复制权限或不授权复制权限，以及如何设计相应的定价方案，以考虑权限设置对收益的可能影响？授权复制权限自然会增加消费者的支付意愿，但它并不是影响虚拟商品质量的单一因素。在此背景下，基于质量差异（如信息商品的版本）的定价方案可能并不适用于虚拟世界。

基于经济学博弈模型和仿真数值分析，研究获得了一些有趣的结论。其中，面对未来时期虚拟商品的不确定需求，通过免费提供虚拟商品的副本并在出售时授权复制权限，可以获得更多的收益。

原因是，通过赋予虚拟商品授权复制权限，创建者可以定更高的价格（在其他条件相同的情况下，消费者更偏向于选择带有授权复制权限的产品），这能够抵消不授权复制权限在未来时期可能损失的收入。同样值得关注的是，小规模分享可能是有利的，因为买家的需求聚合使消费者估值更加可预测（BAKOS et al., 1999）。而研究结果显示，如果存在需求信息被高估的可能性，不授权复制权限可能是一个更稳健的策略。

　　在虚拟商品定价领域有几个值得进一步研究的方向。本文只探讨了授权复制权限及其对定价策略的影响，而在虚拟世界中，虚拟商品创建者还可以分配其他权限，如修改虚拟商品的权利或规定虚拟商品的有效期。Entropia Universe 中的虚拟商品与实体商品更为相似，因为这些虚拟商品不仅可以使用，而且损毁后必须进行修复或补充。虚拟世界中的创建者如何制定价格成了一个有趣的研究挑战。

2.3.2　虚拟商品大数据的实证分析

　　随着虚拟世界的迅速发展，虚拟商品和服务的交易量显著增长（CASTRONOVA, 2003; LEHDONVIRTA, 2009）。Facebook 的 IPO 文件显示，其 2011 年收入中的 12% 来自 Zynga——其社交游戏如 CityVille 和 FarmVille（玩家可以购买和出售虚拟商品）已吸引了数亿玩家到 Facebook。

　　虚拟商品与现实世界中的对应物品有一些相似之处。例如，虚拟化身穿着漂亮的衣服参加社交活动，布置虚拟家园，使用虚拟物品进行娱乐。随着为虚拟世界交易创建的虚拟商品迅速增加，以及商品销量创纪录增长，一个值得深入探讨的问题是如何制定定价策略以最大化利润。虚拟商品创作者可以在虚拟商店中为他们创作的商品设置权限。某些权限设置通过限制使用对虚拟商品进行价格歧视，如买家在不同的价格下对同一虚拟物品有不同的使用时间。权限可以由卖家分配（Neopia 的卖家为每个虚拟物品预设使用期限），或者由买家选择。表 2.2 列举了一些典型的虚拟商品权限设置以及在虚拟世界内部的流通方式。

这里研究以下问题。

表 2.2　典型的虚拟商品权限设置以及在虚拟世界内部的流通方式

虚拟世界	虚拟商品权限	交易模式	虚拟币
魔兽世界（World of Warcraft）	管理员设置银行使用权限：完全访问，存款，取款，锁定	虚拟工会内共享物品和魔兽金币	WoW 魔兽金币
Wizard101	创作者设置权限：使用期限，出售，交易，拍卖	用户间交易，虚拟商店出售	Crown 王冠
There	买家选择权限：购买，租用 1 天，试用 5 分钟	用户间通过拍卖交易	Therebucks
IMVU	所有物品可转让；虚拟家装物品可复制和缩放	用户间交易，虚拟商店出售	Credit
Second Life	创作者设置权限：复制、修改、转让	用户间开放交易	Linden 币

（1）虚拟商品的定价策略与权限设置之间是否有相关性？

（2）价格与权限设置之间的关系是否受虚拟商品类别的影响？

（3）影响虚拟商品价格的其他因素？

数据来源

根据 Second Life 的统计数据（LINDEN, 2010），2010 年 Second Life 经济（Linden 币）总量达到了 1.19 亿美元，比 2009 年增长了 3%；Second Life 市场上所有待售的虚拟物品或服务，2010 年达到了 33 亿 Linden 币或 1260 万美元，比 2009 年增长了 104%。

我们收集了 Second Life 虚拟商品交易网站 XStreet SL 上全平台超过百万份虚拟商品数据。图 2.12 显示了来自 XStreet SL 的两款受欢迎的虚拟椅子。左边的样品椅子具有修改和转移权限，但没有复制权限，价格为 299 Linden 币，而右边具有完全权限的椅子套装的价格为 590 Linden 币。

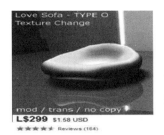

图 2.12　Second Life 中的虚拟椅子

XStreet SL 全部虚拟商品数据涵盖 16 个类别，包括动物、动画、服装、艺术、头像配件、头像外观、建筑组件、商业、庆祝活动、小工具、家居和花园、杂项、休闲娱乐、脚本、交通工具和武器。针对每个类别，从可售的虚拟商品中抽取最优定价的 200 个虚拟商品 ID，并提取其所有属性数据，包括商品名称、是否为特色商品（由创作者支付费用，在网站上优先显示）、图片数量、创作者名称、创作者总产量、类别、类别名称、权限设置（复制、修改、转让或它们的组合）、价格、评论数、投票数和平均评价。剔除数据属性不全以及无购买记录的虚拟商品项，最终获取 2606 个具有完整信息的最优虚拟商品定价的数据项。

为了满足统计分析的正态性和常数方差假设（ATKINSON, 1973），在模型中对因变量价格（LogPrice）应用对数转换。

表 2.3 提供了数值变量的描述性统计。这些变量可以分为两组：（1）与创作者相关的变量，包括他们在虚拟物品网页上放置的图片数量（Images）、总创作数（CreatorTP）以及他们为物品设定的价格的对数（LogPrice）；（2）用户生成的内容，包括评论数（Reviews）、投票数（Votes）和物品的平均评分（Rating）。

相关性分析表明，评论数与投票数之间的相关性非常高（$r \approx 0.8$）。为了避免多重共线性问题，模型中删除了变量 Reviews。

表2.3 连续变量的汇总统计

变量	均值	标准差	最小值	中位数	最大值	相关性				
						Images	Creator TP	Log Price	Reviews	Rating
Images	1.58	1.37	1	1	5	1				
CreatorTP	207	344	1	93	3438	-0.0311	1			
LogPrice	4.65	0.96	1.1	4.6	6.4	-0.0087	-0.0373	1		
Reviews	0.43	1.48	0	0	33	-0.0162	-0.0565	0.0560	1	
Rating	4.24	0.64	1	4.4	5	-0.0082	0.0936	0.0886	-0.0121	1
Votes	11.6	22.4	3	6	547	-0.0289	-0.0369	0.0616	0.7967	0.0285

在所有虚拟商品中，55%被赋予了复制权限，55%被赋予了修改权限，51%被赋予了转让权限。进一步按产品类别细分了虚拟商品的权限设置，见表2.4。可以看到，建筑组件类别中有最高比例（88%）的项目被赋予了复制权限，修改和转让的权限设置也是如此。

在更详细地统计每个项目所有八种可能的权限设置后发现，样本中虚拟商品常被赋予的权限是"复制""复制和修改""转让""修改和转让"。因此，考虑到权限设置组合对价格的影响，后续模型中纳入了交互效应。

▌实证数据分析

如前所述，虚拟世界中的虚拟商品在功能实用性上与现实世界中的实物商品类似。对于特定商品，消费者所需数量决定了是否更倾向于复制权限。比如，在设置教室时，人们可能需要多张相同的桌子和椅子；而在参加聚会时，可能会选择独特的服装。此外，对于艺术设计和服装等个性化商品，修改权限的需求可能因消费者的偏好而异。转让权限则与消费者是否希望长期使用虚拟商品（如家具齐全的房间中的沙发）或将其转送给他人（如生日礼物）有关。鉴于此，我们认为虚拟商品的权限设置和定价策略在不同的虚拟商

表 2.4 分类统计虚拟商品数量和赋予各种权限的比例

类别	总数	赋予复制权限的商品数量（占比）	赋予修改权限的商品数量（占比）	赋予转让权限的商品数量（占比）
动物（Animals）	158	51（32%）	69（44%）	91（58%）
动画（Animations）	168	51（30%）	112（67%）	105（63%）
服装（Apparel）	198	109（55%）	130（66%）	122（61%）
艺术品（Art）	138	39（28%）	95（69%）	78（57%）
化身配件（Avatar accessories）	181	90（50%）	130（72%）	73（40%）
化身外观（Avatar appearance）	153	89（58%）	71（46%）	47（31%）
建筑组件（Building components）	173	153（88%）	159（92%）	129（75%）
商业（Business）	162	115（71%）	105（65%）	83（51%）
庆祝活动（Celebrations）	168	50（30%）	84（50%）	112（67%）
小工具（Gadgets）	152	81（53%）	68（45%）	54（36%）
家居和花园（Home and garden）	192	114（59%）	69（36%）	78（41%）
杂项（Miscellaneous）	135	42（33%）	55（42%）	90（67%）
休闲娱乐（Recreation & entertainment）	171	66（39%）	69（40%）	84（49%）
脚本（Scripts）	178	154（88%）	90（52%）	117（66%）
交通工具（Vehicles）	148	120（82%）	68（47%）	37（25%）
武器（Weapons）	131	102（78%）	58（44%）	20（15%）
总计	2606	1426（55%）	1432（55%）	1320（51%）

品类别中应有区别。

通过列联分析（SIMPSON, 1951）统计每个商品类别中权限设置的出现次数，并对每个权限设置应用 Pearson 卡方检验（PLACKETT, 1983）来考察权限设置是否与类别有关。结果见表 2.5。p 值非常显著，表明授予虚拟商品的权限（复制、修改、转让）确实与虚拟商品所属的类别有关。这也表明权限设置的价值可能因商品类别而异。

表 2.5 权限设置的列联分析

	复 制	修 改	转 让
卡方值（p 值）	451.66（<0.0001）	234.636（<0.0001）	262.849（<0.0001）

为了测试不同类别虚拟商品的价格是否存在显著差异，我们采用 Welch 的 ANOVA 方法，测试 LogPrice 在不同类别之间的方差和均值是否相等。测得的 F 值为 11.5518，p 值小于 0.0001，说明样本中的虚拟商品在类别之间的平均价格存在显著差异。换句话说，不同类别虚拟商品的价格平均而言是不同的。这一结果与 Pearson 卡方检验一致，进一步支持了我们的推测，即对于不同的类别，虚拟商品创作者在制定定价和权限策略时采用了不同的方法。

为了具体研究是否存在一个普遍适用的（跨类别）虚拟商品定价与权限设置之间的关系，模型 I 引入以下固定效应：

$$\text{LogPrice}_{i,j} = \mu + \alpha_i + V_{i,j}\beta + X_{i,j}\gamma + \varepsilon_{i,j} \tag{2.5}$$

其中，$i = 1, 2 \cdots 16$，是产品类别的索引；$j = 1, 2 \cdots N_i$（N_i 表示类别 i 中的数据项总数）是类别内数据项的索引；μ 是回归模型中的平均截距；α_i 是产品类别的固定效应；ε_{ij} 是误差项。行向量 V_{ij} 包含了类别 i 内项目 j 的控制变量的观察值，控制变量包括图片数量、总创作量、是否为特色商品（一个虚拟变量）、项目收到的投票数、投票的平均评分，以及投票和评分的交互效应，以考虑更受欢迎的项目获得更高评分的可能性。行向量 X_{ij} 包含类别 i 内数据项 j 的权限设置的观察值，权限设置包括所有可能的权限设置组合，用虚拟变量表示。

三个虚拟变量——Copy、Modify、Transfer——表示是否授予虚拟商品相应的复制、修改、转让权限。权限设置组合也可能对虚拟商品价格产生影响。例如，为虚拟商品分配了复制和转让权限的卖家可能会将价格设得足够低，以使潜在买家觉得不必从其他人那里寻找（可能更便宜的）副本。因此，复制和转让之间可能存在负的交互效应。考虑到不同权限设置组合的交互作用，模型中加入了复制、修改和转让的所有成对交互效应，以及三种权限设置的三方交互效应，以测试任何权限组合对虚拟商品价格的影响。使用虚拟变量及其交叉乘积来表示所有可能的组合，向量 X_{ij} 中产生了七个独立变量。

为了研究虚拟商品的权限设置是否在不同类别之间存在差异，模型 Ⅱ 中加入了类别固定效应与权限设置之间的固定效应（GUJARATI, 2003）：

$$\text{LogPrice}_{ij} = \mu + \alpha_i + V_{ij}\beta + X_{ij}\gamma + X_{ij}\delta_i + \varepsilon_{ij} \qquad (2.6)$$

与模型 Ⅰ 相比，这里多了参数 δ_i，它是类别 i 中权限设置的类别特定效应。而 γ 是估计权限设置的整体效应（即跨所有类别），如模型 Ⅰ 中所示。与模型 Ⅰ 相比，模型 Ⅱ 额外损失了 91 个自由度。考虑到数据集的大小，2486 个自由度对于模型的参数估计仍然是可接受的。

表 2.6 展示了分类别的整体估计结果。模型 Ⅰ 和模型 Ⅱ 都是显著的；模型 Ⅰ 的 $R^2 = 0.0986$（调整后 $R^2 = 0.088$），模型 Ⅱ 的 $R^2 = 0.220$（调整后 $R^2 = 0.1813$）。

表 2.6　模型、参数估计比较

项　目	模型 Ⅰ 估计	模型 Ⅱ 估计
Intercept	4.2816***	4.193***
Copy（C）	0.0806**	0.437
Modify（M）	0.0390	0.224
Transfer（T）	0.0585*	1.146***
Copy × Modify（CM）	−0.0544	0.019
Copy × Transfer（CT）	−0.1061**	−1.081
Modify × Transfer（MT）	−0.0267	0.326
Copy × Modify × Transfer（CMT）	−0.0471	−1.982
If Featured	0.3256**	0.576*
Image	−0.0064	0.004
CreatorTP	−0.0001*	−0.0001**
Rating	0.1512***	0.022**
Votes	0.0004	−0.34
Rating × Votes	0.0090***	0.0080***

$*p < 0.05; **p < 0.01; ***p < 0.001$。

表 2.7 比较了模型 I 和模型 II 的类别固定效应估计以及类别与权限设置的交互效应估计。某些类别的固定效应与权限设置的交互效应的样本量太少，无法得出有意义的估计，这种情况在表中标记为 N/A。

表 2.7　模型 I 和模型 II 的类别固定效应估计以及类别与设置权限的交互效应估计

类 别	模型 I	模型 II							
	α	α	Copy（C）	Trans（T）	Modify（M）	CM	CT	MT	CMT
Animals	0.0866	0.408	−0.274	−0.853*	0.417	−1.271	0.788	−1.366	N/A
Animations	−0.0828	−0.655*	−0.055	0.201	0.460	−0.197	2.686	−0.746	N/A
Apparel	0.3059***	0.750*	−0.874*	−1.225*	−0.872	1.229	−0.423	0.411	2.177
Art	−0.3271***	−0.985**	0.592	0.303	0.568	−0.847	2.750	−1.546	N/A
Avatar accessories	0.1491	0.062	−0.035	−0.942*	0.290	−0.457	2.678	0.347	N/A
Avatar appearance	0.0266	−0.025	−0.066	−0.490	0.631	−0.711	2.932	−1.835	N/A
Building components	0.1950*	−0.788*	0.842	0.932	1.027	−1.375	−0.709	−2.476	4.168*
Business	−0.1502	−0.573	−0.231	0.245	−0.116	0.399	−0.094	−0.468	2.196
Celebrations	−0.1834*	0.021	0.236	−0.933*	−0.505	0.085	2.660	−0.106	N/A
Gadgets	0.0908	0.175	−0.339	−0.841	0.420	−0.411	0.202	−0.562	1.750
Home and garden	0.2150*	−1.861***	2.772***	N/A	0.181	−1.084	N/A	N/A	N/A
Miscellaneous	−0.4254***	−0.563	0.489	−1.030*	−0.549	−0.064	1.239	0.797	N/A
Recreation & entertainment	0.1431	0.418	−0.557	−0.887*	−0.314	0.201	4.082	−0.350	N/A
Scripts	−0.1328	−0.945*	0.920	0.266	−1.197	1.242	0.062	0.461	N/A
Vehicles	−0.0791	0.674	−0.872	−1.597	−3.983**	3.754*	0.400	3.399***	N/A
Weapons	0.1684	N/A	N/A	N/A	N/A	N/A	N/A	N/A	N/A

$*p < 0.05$; $**p < 0.01$; $***p < 0.001$；N/A 表示估计无法计算。

讨论与启示

权限设置

在模型 I 中，复制和转让权限对虚拟商品价格的影响都是显著的，其交互效应也得到了证实。然而，如果忽略了权限分配可能因商品类别而异的情况，简单地给虚拟商品赋予复制和转让权限可能会导致价格上涨。具有复制权限的商品的价格明显高于没有复制权限的。从消费者效用的角度来看，复制权限允许买家免费制作副本，可能会增加消费者的效用，特别是在需要多个副本的情况下（如一套桌椅中多把相同的椅子）。在这种情况下，消费者更有可能选择具有复制权限的商品，对价格变得不那么敏感。

然而，当消费者不需要副本时，他们可能对复制权限不太关心，并可能对价格更加敏感。

除了更高的定价，虚拟商品的创作者还可以通过授予虚拟商品可复制的权限，获得其他收益。对于传统信息商品的知识产权保护，尽管不允许被许可人复制或向他人披露可以防止原始作品被抄袭复制，但执行成本可能很高（LANDES et al., 2003）。虚拟商品创作者面临着同样的情况，授权复制权限并要求更高的价格可降低防范虚拟商品被非法复制的潜在成本。

转让权限对虚拟商品价格的正面影响同样显著。由于转让权限允许买家在不再需要虚拟商品时能够转售或赠送，且没有质量损耗，这增加了用户购买虚拟商品的意愿。然而，从模型中的系数估计可以看出，转让权限的价值低于复制权限。

有趣的是，复制和转让权限之间的交互效应是负的，且幅度相当大，这意味着同时具备复制和转让权限的虚拟商品的售价明显低于只具备复制或转让权限的商品。实际上，如果同时授予虚拟商品复制和转让权限，所有者可以复制并以可能较低的价格转售，那将极大地改变虚拟商品的市场结构和竞争。因此，虚拟商品创作者设定复制和转让权限时通常会非常谨慎。

在数据集中，大约 10% 的商品具有复制和转让组合权限。然而，系数估计表明，在这种情况下，虚拟商品的价格明显较低。对此，有几种合理的解释。首先，创作者可能意识到任何人都可以复制并以零成本出售商品，故设定较低的价格。其次，创作者可能仅出于市场营销和品牌推广的目的为虚拟商品分配复制 / 转让或全部权限（如用于病毒式营销便于传播），通过出售相关或互补的物品，或通过提高其声誉（或品牌）来弥补收入损失。再者，虚拟商品可能处于其生命周期的末期，创作者希望增加权限以使其更具吸引力。也不排除创作者受到非经济原因的驱使，通过一个可以轻松传播的低价物品，在虚拟世界中获取名声或增加社会地位。

虽然复制和转让权限分别与虚拟商品价格正相关，但在模型 I 或模型 II 中，修改权限本身并不是一个显著的因素。修改权限为虚拟商品买家提供了根据需求修改产品的选项，但并不增加用户的效用。然而，买家在定制产品时仍然需要付出努力和技能，这会产生额外的成本。同样，与修改相关的各种权限组合不会显著影响虚拟商品价格。

模型 I 还包括虚拟商品类别的固定效应。估计的固定效应显示，服装、建筑组件和家居园艺类别的虚拟商品的价格相对较高；艺术和庆祝活动类别的虚拟商品的价格低于平均水平；而其他类别的虚拟商品似乎与整体价格没有显著的差异。虚拟商品是用一定数量的数字模块构成的。家居园艺和建筑组件的创建相对复杂，需要更多的数字模块，因此它们的平均价格相对较高。而庆祝活动和杂项通常是免费发送给其他虚拟形象，或与其他商品捆绑的礼物，因此它们的平均价格相对较低。像艺术这样的虚拟物品通常被创建为向公众展示，或作为其现实世界对应物的虚拟插图，价格被设定得较低。例如，马自达推出了一款虚拟汽车，以展示其 Hakaze 概念模型的新功能，Second Life 用户可以试驾；艺术家可能会邀请其他人在虚拟世界中观看虚拟艺术展，以增加对他或她作品的兴趣。

模型 II 的研究结果显示，只有转移权限对价格有一定的影响。而复制权限和复制与转移权限之间的交互作用的整体显著性减弱，如图 2.7 所示。模型 II 调整后的 R^2 值比模型 I 高，说明其模型拟合度更高。

控制变量

模型 I 和模型 II 有相同的控制变量，尽管这两种模型的参数估计的幅度略有不同，但差异相对较小，且符号一致。一个重要的变量是虚拟商品是否被推荐。在 Second Life 中，虚拟商品创作者可以付费推广。虚拟世界中的广告和信息传播有助于给消费者留下深刻印象，降低消费者的价格敏感性，从而促进销售。这与现实世界中的广告效果一致（KRISHNAMURTHI et al., 1985; BERTHON et al., 1996）。

虚拟商品的创作数与价格负相关。虚拟商品与现实世界中的实物商品相似。创作越多，用于学习设计虚拟商品所需技能的时间就越少。因此，随着创作者创建的虚拟商品越来越多，平均价格越来越低，这与规模经济的理论是一致的。

此外，与口碑对销售的影响相似（CHEVALIER et al., 2006），评分及其与投票数的交互作用和虚拟商品价格正相关。评分代表了之前买家对商品的评价，因此它直接参考了其他消费者的经验（BRUCE et al., 2004）。投票数表示已购买虚拟商品的受欢迎程度。在 XStreet SL 这样的虚拟商品市场中，由于大多数商品都是新的，虚拟商品的受欢迎程度表明了其他虚拟世界用户是否接受该商品。因此，投票和评分的交互效应，即虚拟商品的受欢迎程度和之前买家的平均评价，是与虚拟商品定价策略相关的重要因素。

▌研究结论

本文探讨了虚拟商品定价与权限策略之间的关系。在 Second Life 中，虚拟商品权限并非随机设置，而是由用户策略性设置。通过设置权限，卖家可能会吸引更多的潜在买家进行交易。本文分析了复制、修改和转移权限对虚拟商品价格的影响，并探讨了不同产品类别之间的差异。

研究结果表明，复制权限对虚拟商品价格具有显著的正面影响。过去曾认为授予复制权限会导致失去市场份额的风险，但实证结果表明它是影响定价策略的显著正面因素。复制权限为出售虚拟物品提供了杠杆作用，卖家可以通过调整权限来吸引更多的潜在买家。

修改权限对虚拟商品价格没有显著影响，这可能是因为虚拟商品买家在购买后仍然需要付出努力和技能来定制产品，从而产生额外的成本。因此，修改权限本身并不增加用户的效用或其他经济利益。

转移权限对虚拟商品价格也没有显著影响，这可能是因为虚拟商品的交易市场仍然处于起步阶段，许多用户对虚拟商品的购买和交易仍然不太熟悉。因此，转移权限对价格的影响可能需要在市场进一步发展后才能显现出来。

不同产品类别之间的权限设置和虚拟商品价格存在差异。例如，家居与花园类别的复制权限对价格具有显著的正面影响，而服装类别的复制和转移权限对价格具有负面影响。这些差异可能与不同产品类别的特性、市场需求和竞争情况有关。

第 **3** 章
虚拟世界的社会属性和治理机制

　　虚拟世界已经发展成为一个数字化社会网络,具有真实社会所具备的众多特性。它不再仅仅是一个高科技产物,而是现代社会的真实组成部分。在虚拟世界中,用户可以自由地创建一个或多个数字化身,这些化身不仅是他们在虚拟世界中的身份象征,更是他们进行社交互动的代表。这些虚拟身份由用户自己管理,可以完全独立于现实世界的真实身份,也可以是真实身份的数字化延伸。

　　随着技术的不断进步,虚拟世界与现实世界之间的边界逐渐变得模糊。人们跨越了地域和文化的障碍,自由地与世界各地的人进行互动和交流。在这个数字化的大熔炉中,各种文化相互碰撞、交融,从而催生出新的文化创意。无论是音乐、艺术、时尚,还是现实生活中的衣食住行,都在虚拟世界里得到了全新的解读和展现。

　　随着元宇宙概念的普及,越来越多的个体和群体、机构纷纷进入虚拟世界,拥有了自己的虚拟身份。那么,如何识别和管理虚拟身份的价值归属、最大化其社会价值以及对其进行有效的治理,就变得尤为重要了。虚拟世界的价值不仅体现在经济层面,还涉及用户的心理归属感、群体认同感以及在虚拟社会中的地位。

3.1　虚拟世界身份

虚拟世界身份是用户所创建和使用的数字化角色或化身，可以是匿名、化名或者实名的，但它们主要在虚拟世界中存在和活动。用户通过这个身份与其他用户互动，参与各种虚拟活动，进行交流并建立社交关系。虚拟世界身份通常表现为 3D 角色模型，具有独特的外观、性格和背景故事，是用户在虚拟世界中表达自己、探索和体验虚拟世界的数字代表。

虚拟世界身份并不仅仅是一个名字或 3D 形象，还具备用户的价值观、兴趣、社交行为特征等多种属性。用户可以根据自己的喜好和需求自由创建和管理虚拟世界身份。

虚拟世界身份的构建及其行为往往会在虚拟世界中留下大量信息。

（1）用户注册时提供的基础信息，如用户名、密码、电子邮件地址、联系方式等。

（2）虚拟身份的个性化设置，如设计和装扮化身形象、选择性别、设定年龄、定义背景环境、编写个性介绍等。

（3）虚拟世界中的行为数据，包括社交行为、游历行为、游戏成就、交易历史等。

这些信息可能被不当使用，导致隐私泄露，甚至存在安全隐患，如信息被过度共享、数据泄露给第三方、虚假身份欺诈、虚拟身份盗窃等。因此，保护虚拟身份的隐私和安全是虚拟世界稳定发展的一个重要因素。

3.1.1　虚拟世界身份的多样性

虚拟世界为我们提供了一个多元化的自我表达和互动空间。在这个空间里，用户通过注册创建的虚拟身份不仅是其在该环境中的标识，更是一个充满多样性和灵活性的自我表达工具。具体而言，虚拟身份的多样性体现在以下几个方面。

多重身份的并存：在虚拟世界中，用户可以创建多个不同的虚拟身份。例如，一个虚拟身份主要用于体验数字生活的自由，包括社交、娱乐、虚拟商品交易等；另一个虚拟身份代表其现实职业的虚拟身份，用于专业交流和职业沟通，如参加虚拟会议等。还可以有一个与现实中的自我完全不同的虚拟身份，尝试不同的性别、外观或性格。例如，心理医生以病患的虚拟身份和病友交流，以加强自己的职业移情能力。

跨虚拟世界的身份链接：虚拟世界 / 元宇宙允许用户链接其在不同平台上的虚拟身份，实现身份的统一或关联。这意味着用户可以在多个平台上使用相同 ID 的虚拟身份，甚至实现跨平台的虚拟物品归属和流通。

匿名与实名的选择：虚拟世界中的身份可以是完全匿名的，也可以与用户的真实身份关联。匿名身份为用户提供了自由的自我表达空间，使他们可以在不担心现实世界后果的情况下自由发言和行动；而实名身份为用户提供了更高的可信度和安全性，使他们在某些场合可以更加放心地进行交流和合作。

多样的现实身份主体：在虚拟世界中，不仅个人可以拥有虚拟身份，组织、企业、政府机构也可以创建虚拟身份。例如，一个企业可能会创建虚拟身份来进行品牌推广，而政府机构可能会使用虚拟身份来进行政务管理和公共服务。

虚拟身份的多样化管理：一般来说，虚拟身份需要用户实时操作才能保持活跃，多数情况下，一人同时刻只能操作一个数字身份。不过，有了人工智能技术的加持，可以创建能够自主行动的 AI 虚拟人。这些虚拟人可以在没有真实用户干预的情况下，在虚拟世界中进行各种活动，如工作、社交等，实现一个真实人类的社会功能。

这为虚拟世界带来了更多的可能性，但同时也带来了一些管理和伦理上的挑战。

虚拟世界身份的多样性为虚拟世界带来了生机和活力。首先，用户根据自己的需求和兴趣创建和管理多个身份，他们可以更好地展现自己的多面性，与其他用户建立多元、深入的社会联系。在虚拟世界中，每个虚拟身份都有其特定的角色和功能。虚拟身份的多样性使得身份间的权责关系变得分明，界限清晰，有助于维护虚拟世界的秩序和稳定。

其次，多个虚拟身份的协同工作可以产生群体聚合效应，为虚拟世界创造更多的经济价值。例如，一个用户可以用一个身份进行虚拟商品的交易，用另一个身份进行社交互动和合作。

再者，虚拟世界身份的多样性也促进了跨虚拟世界的生态统一。用户链接其在不同虚拟世界里的虚拟身份，有助于实现跨平台的价值传递和实现。

不过，在带来灵活性和开放性的同时，虚拟身份的多样性也带来了身份混淆的风险和多重社会压力，对信息安全保障也提出了更高的要求。

3.1.2 虚拟世界身份管理的双刃剑

虚拟世界身份的多样性为用户提供了广泛的自由和选择空间，也有助于推动虚拟世界生态的健康发展。在大多数用户都致力于建立一个文明、和谐的虚拟社会的前提下，这是一种有益的身份管理机制。

▌身份多样性需求

用户对多样性身份的需求可以通过心理学、社会学理论来解释。**社会认同理论**（social identity theory）强调个体根据自己所属的社会群体来定义自己的身份。在虚拟世界中,用户可能会选择与某个群体或社区产生认同,从而创建与该群体相符的虚拟身份。这种多重身份可以让用户在不同的社区中找到归属感。

自我调节理论(self-regulation theory)解释了人们如何调整自己的行为以适应不同的环境和情境。在虚拟世界中,用户需要创建多个虚拟身份来满足社交、职业和娱乐等不同场合的需求。

自我多样性理论(self-complexity theory)认为个体具有多种自我概念,这些概念在不同的情境中被激活。在虚拟环境中,用户可以通过创建多重身份来展示自己的多重自我。

认知失调理论(cognitive dissonance theory)认为,当个体的行为与其信仰或价值观不一致时,他们会感到不安。在虚拟世界中,用户可以通过创建与真实自我不同的虚拟身份来缓解这种现实生活的不一致导致的认知失调。

戈夫曼拟剧理论(Goffman's dramaturgical theory)认为,人们在公共场合(前台)展现的自我与在私下(后台)展现的自我可能会有所不同。在虚拟世界中,这可以解释为什么用户会期待多个虚拟身份,有的用于公开互动,有的用于私密交流。

社会资本理论(social capital theory)强调了社交网络中的关系对个体带来的好处。在虚拟世界中,通过多重虚拟身份,用户可以在不同的群体中建立和维护关系,积累更多的社会资本。

▍身份多样性的安全隐患和管理问题

安全隐患:如何确保每一个虚拟身份的安全,防止身份被盗用或滥用,无疑是虚拟世界管理面临的巨大挑战。例如,黑客可能会利用盗取的身份信息进行欺诈活动,或者传播恶意软件。

不良行为:在虚拟世界中,身份的匿名性和多样性可能会被某些人滥用,从而引发一系列不良行为。例如,有人可能会利用虚拟身份进行网络欺诈、传播恶意软件、盗窃虚拟资产、进行网络黑客攻击等。此外，还有一些人可能会利用虚拟身份进行社交骚扰、破坏公共虚拟设施或他人的虚拟资产，甚至在虚拟社交平台上对其他用户进行人身攻击。

商业风险：多重虚拟身份的滥用可能会导致虚拟世界中出现虚假的商业宣传活动和欺诈行为。例如，一些不法分子可能会利用大量的"水军"来伪造对自己虚拟产品或服务的好评，从而误导消费者。此外，受"流量为王"的眼球文化影响，虚拟世界中可能充斥着大量无用或负面信息，使得有价值的信息难以被发现。

社会治理风险：多重身份可能在虚拟社会选举过程中导致重复投票，这是一种不公平现象，有损于健康透明的虚拟世界社会秩序，给虚拟世界社会治理造成不可小觑的危害。

为了确保虚拟世界的健康发展，保障用户权益并加强对虚拟身份的管理是至关重要的。

▌关于"身份唯一性"的探讨

为了规范虚拟世界的秩序，确保用户的权益不受侵害，虚拟世界"身份唯一性"制度被强烈呼吁。这意味着在特定的虚拟世界中，每个现实世界的主体（无论是个人、企业还是政府机构）只能创建一个与其实体关联的虚拟身份。这样的规定可以有效地防止"网络水军""僵尸投票工具"等负面现象的出现，确保虚拟世界的公平性和公正性。

虚拟身份的多样性让用户通过多重身份来积累他们的行为、贡献和价值，但同时也可能被用于从事不良行为，从而造成系统风险。提倡虚拟身份的唯一性可以避免由多重身份带来的潜在损失和不公平现象。但另一方面，身份唯一性也可能限制用户的自由和选择，导致他们在虚拟世界中的行为和经济活动受到抑制。考虑到许多用户的虚拟身份与他们在现实世界中的生活、工作和社交关系紧密相连，他们可能会因为只有一个虚拟身份而不愿公开披露自己的情感和行为轨迹。

因此，虚拟世界的身份管理是一把双刃剑。如何在保障安全与鼓励自由之间找到平衡，进一步推动虚拟世界的生态繁荣，无疑是一个值得我们深入探讨的议题。

3.1.3　AI 虚拟人带给人类的机遇与挑战

在人工智能技术的推动下，AI 虚拟人已成为虚拟世界中重要的虚拟身份。它们不仅可以在虚拟环境中进行社交互动、沟通交流，还能承担各种劳动任务。最重要的是，AI 虚拟人可以完全独立运作，无须人为干预，将人类从日常操作中解放出来。此外，AI 虚拟人具备处理从简单重复任务到高度复杂逻辑流程的能力。

▌机　遇

提高生产效率：AI 虚拟人可以 24 小时不间断工作，不受疲劳、情绪或其他生理因素的影响。

减少主观错误：AI 虚拟人在执行任务时，采用算法和数据进行决策，能够避免因人为失误而导致的错误。

劳动力资源优化：AI 虚拟人可以承担一些重复性、危险或高强度的工作，使人类专注于创新和高价值的工作。

无限的学习能力：AI 虚拟人具备强大的自学能力，能够从历史数据中持续学习和进化，不断提高其性能。

定制服务：基于人工智能大模型，AI 虚拟人能够根据用户的需求和偏好，提供更加个性化的服务和建议，满足用户的特定需求。

扩展的交互：AI 虚拟人可以与人类或其他 AI 进行广泛的社交互动和工作沟通。

增强的体验：AI 虚拟人能为各行各业提供更加自然、直观和有效的体验，尤其在客户服务、娱乐和教育、跨语言沟通等领域。

生命的"延续"：通过基于某个人类的真实人生大数据的训练，AI 虚拟人可以获得其"生命模型"，即使此人不在世，他的 AI 虚拟化身依然可以代表他，生活在虚拟世界里，"延续"其生命和智慧。

挑战和风险

隐私和数据安全：AI 虚拟人需要大量用户数据来进行训练和操作，可能导致用户隐私泄露。

数据滥用：恶意的第三方可能会利用 AI 虚拟人收集、分析或滥用用户数据。

失业问题：AI 虚拟人在某些工作中取代人类，导致失业率上升。

经济分配不均：AI 虚拟人的应用，可能会造成经济收益高度集中于少数大公司，加剧社会经济的不平等。

人机界限模糊：随着 AI 虚拟人变得越来越像真人，包括工作能力和移情能力，人们可能难以区分真实与虚拟，对其产生过度依赖，这可能会影响现实世界的人际关系和情感健康。

道德和伦理问题：AI 虚拟人的决策过程可能不透明，这可能会引发道德和伦理上的争议。

过度依赖：人们可能会过度依赖 AI 虚拟人，导致失去某些基本的人类技能或决策能力。

系统安全威胁：恶意攻击者可能利用 AI 虚拟人进行网络攻击、信息诈骗或其他恶意活动，导致系统故障，从而造成严重的经济损失。

责任主体不明确：当 AI 虚拟人的行为涉及法律争议时，如何确定责任主体仍有待探讨。

3.2 虚拟世界的社会属性

社会属性指的是个体或群体在社会环境中展现的特定特征、结构、文化互动方式,可以是固有的,也可以是融入环境后获得的,如经济地位。它受到社会规范的影响,定义了特定文化和背景下合适的行为。社会地位揭示了个体或群体的相对权力、财富和影响力。社会身份描述了个体或群体如何被认知和分类,是社会地位的基础,而不同的社会角色描述了社会中的特定职责或功能,也通常伴随着一系列期望和责任。

虚拟世界的社会属性指的是用户创建的虚拟身份所共同展现的虚拟社会特征,包括这些虚拟身份构建的虚拟经济和社交互动。虚拟世界与现实世界的社会属性有许多相似之处,但也存在一定差异。虚拟世界通常是全球化的,吸引不同文化和背景的用户,从而促进跨文化交流和融合,形成一个多元文化的空间。

虚拟角色:在虚拟世界中,用户可能扮演多种角色,这些角色可能与现实生活中的完全不同。例如,用户可能在现实生活中是一位大学生,但在虚拟世界中却是一位商业论坛领袖,同时他还可以扮演教育者的角色,促进文化交流。

虚拟互动:虚拟世界的互动更加丰富和便捷,用户可以通过文字、音频、视频或其他数字媒体和终端设备与其他用户互动。这种互动可能更加即时和全球化。虚拟经济活动,如交易和投资,以及跨文化交流,如语言交换或文化节日庆祝,都是虚拟世界中的常见互动形式。

虚拟地位:在虚拟经济中,用户的地位可能与他们的财富、拥有的虚拟物品或投资成功与否有关。同时,融合文化中的知识和经验也可能成为提高虚拟地位的因素。

虚拟规范:虚拟世界可能有着自己的行为规范和期望。这些规范可能与现实世界的规范相似，也可能完全不同。违反这些规范可能会导致社会制裁或其他后果。

总的来说，虚拟世界的社会属性为我们提供了一个独特的视角来理解虚拟身份在数字环境中的互动方式和行为规范。这些属性反映了虚拟世界与现实世界之间的相似性和差异，以及数字技术如何影响我们的社会和自我认知。

3.2.1 元宇宙的时空无界：虚拟世界与现实世界的无缝融合

元宇宙，这个超越现实的虚拟世界，已经展现出其终极形态的无限可能。它允许用户在不同虚拟世界中拥有统一的身份，实现跨虚拟世界的无缝地理穿越，并确保虚拟身份的价值流通和统一性。在元宇宙中，无论用户身处哪个虚拟世界或虚拟 IP 地址，都可以使用这个统一的虚拟身份自由穿越。

重要的是，这个统一的虚拟身份在不同虚拟世界中持有的虚拟资产，包括购买和自创的虚拟商品，都可以自由流通，并确保其价值的归属权和流动性不受限制。此外，该虚拟身份在各个虚拟世界中建立的社交关系也可以通过虚拟身份认证系统进行关联而统一起来，从而在不同的虚拟世界中都能够体现其累积的社会价值和社会影响力。

元宇宙的出现表明，现有的数字化网络将在未来转变为虚拟世界的形态。在这个全新的数字生态里，人们的生活和工作将不再局限于现有的二维屏幕，而是以 3D 形象展现在各种虚拟场景中，并且不同场景的虚拟世界可以互联互通。这些虚拟场景包括但不限于娱乐、社交、健康、教育等与日常生活息息相关的领域，还涵盖各个行业的工作场景。在这些虚拟场景中，人们可以根据自己的需要和兴趣，自由选择参与的虚拟世界，并在其中建立和维护自己的虚拟身份。

例如，人们可以在社交娱乐类虚拟世界中使用统一的虚拟身份与朋友互动和娱乐；在健康医疗类虚拟世界中，用同一个虚拟身份管理自己的健康数据和接受医疗服务；在知识教育类虚拟世界中，这个虚拟身份依然可以自由地参加学习和培训。

元宇宙最引人注目的优势在于其虚拟世界的时空自由性。在时间上，虚拟世界与现实世界实现了同步，所有的互动和事件都是实时发生的。用户可以根据自己的需求和计划，随时进入虚拟世界，或者在不同的虚拟世界之间自由穿越，这种前所未有的灵活性给人们的工作和生活带来了极大的便利。

在空间上，虚拟世界打破了地理限制，用户可以瞬间"穿越"到任何虚拟 IP 地址，无须承受现实世界中交通时间和碳排放的压力，真正实现了数字宇宙中的无界限互动。这种无界限的互动方式使得人们能够更加便捷地与全球各地的人进行交流和合作，进一步提高了工作效率和社交体验。

元宇宙的时空无界性为其数字居民提供了一个无障碍的沟通平台。在这个平台上，沟通效率得到了极大的提高，人们可以无缝穿越于各个目标场景，与交互对象进行如同面对面交流般真实有效的沟通。对于那些社交倾向较低的人群，虚拟世界提供了一个更加舒适的交流环境，他们可以通过虚拟身份进行互动，避免了面对面交流可能带来的社交压力，从而呈现出比现实世界社交更好的效果。

总的来说，元宇宙为人们提供了一个自由、开放和无界限的虚拟空间，使得工作、生活和社交变得更加灵活、多元且高效。在这个融合的世界中，人们可以自由地定制自己的工作和生活环境，享受真正意义上的数字化生活。

3.2.2 虚拟世界的组织结构和人际关系

虚拟世界与现实世界的紧密融合，重新定义和构建了社会的数字化和实体化。这种融合不仅仅是技术上的，更是文化、经济、社会等多个层面的深度整合。Second Life 作为虚拟世界的代表，验证了虚拟世界和现实世界不可分割、互为依存进步的关系。

在 Second Life 中，世界知名高校建立了虚拟校园，提供各种虚拟世界内的课程和培训，与现实世界中的教育机构功能完全一致，还降低了非全日制学生到实体校园的交通成本、提升了课堂踊跃发言讨论的效率。此外，Second Life 中有很多实体品牌创建的虚拟商店，商品展示、客户服务、广告宣传、营销推广等模式以及竞争策略等方面都和现实世界中的品牌运营极为相似。还有，许多用户在 Second Life 中通过参与共同兴趣的活动和交流，如艺术展会、专业研讨会等，与其他的虚拟身份建立了深厚的友情和牢固的合作关系，在进一步了解其真实身份后，这些用户在现实世界中也成了亲密的朋友甚至伴侣。

以 Second Life 为代表的虚拟世界和现实世界有很多共同点，这也是为什么许多用户对虚拟世界产生了深厚的认同感和心理依赖。虚拟世界的社会属性，如社会特点、组织结构、人际关系等方面与现实世界有很多相似之处。

▌ 虚拟世界的社会特点

虚拟世界里的每个虚拟身份都是现实中人类的数字化身，每个虚拟身份都有自己的文化、信仰和兴趣背景。

站在虚拟经济的视角，虚拟世界有着完整的闭环经济体系。用户可以购买虚拟土地、建造房屋、开设商店、进行交易等，与现实世界中的经济活动非常相似。当然，虚拟世界的经济行为也可以完全和现实世界的经济关联，作为一种数字化经济的形态存在。

　　站在虚拟社会的视角，虚拟世界有其社会规范和行为准则，而且和现实世界非常类似。例如，骚扰、欺诈等不当行为都会受到社区的谴责和管理者的处罚。而且，触碰法律边界时，虚拟世界的越轨行为也将受到现实世界法律法规的制裁和责罚。

▎虚拟世界的组织结构

　　虚拟世界在组织结构上与现实世界有很大的相似性，不仅体现在组织的形式上，还体现在组织的运作和功能上。这种相似性使得许多用户能够迅速适应并融入虚拟世界，也进一步说明了虚拟世界是现实世界的映射和补充。

　　在虚拟世界中，用户可以自由创建或加入各种社团、团体和组织，如学校、公司、俱乐部等，这些组织形式与现实世界极为相似。虚拟世界中的群体社交活动具有高效沟通和零成本交通的优势，这使得虚拟世界的群体社交活动可能比现实世界更有前景。

　　入驻虚拟世界的个人、机构、组织在现实世界已经形成了一定的权属关系和结构特点，这些规则在虚拟世界中依然适用。同样，虚拟世界的平行组织之间也存在着和现实世界中类似的合作与竞争。例如，商店之间可能会发生价格战，某些团体也可能会合作举办活动。

▎虚拟世界的人际关系

　　虚拟世界社交互动的特点，和虚拟身份有很大关系。虚拟身份的匿名性与其代表的用户的真实性交织影响着虚拟社交，匿名有助于用户更积极地表达自己，实名制则使得人际关系更加深入和值得信任。

　　无论怎样，用户之间的情感连接是真实的，虚拟世界中建立的友情与现实世界无异。类似地，虚拟世界中也存在冲突和矛盾，与现实世界中的人际关系一样。在这种情境下，虚拟身份会寻找多种方式，通过类似现实世界的方式调解、协商，也可以通过虚拟世界的社区规则等来解决冲突和矛盾。

虚拟环境还衍生出了各式各样的社交行为。例如，在虚拟世界里，可以举行虚拟婚礼、虚拟毕业典礼、虚拟外交活动等。这些创新让世界各地的人们更方便、灵活地参与到各种社交活动中来，也使得虚拟世界的人际关系更加有趣和多样化。

3.2.3 虚拟世界的文化和价值观

虚拟世界中孕育的文化和价值观受数字化社会直接而深刻的影响。数字世界的新文明是复杂且多层次的，它涉及虚拟世界与现实世界的交织、技术与人性的碰撞、理想与现实的平衡、全球化与本土化的相互制约和依存。

在虚拟世界的数字社会中，以下文化和价值观得以体现。

数字化的价值观：虚拟世界中所有人、物、场景都是数字化形态的，包括虚拟世界原创的虚拟物品，以及现实世界实体的数字孪生物和实体价值的数字化存证。虚拟世界的数字资产、数字化价值交易媒介构成了全新的价值体系。数字化的价值观不仅体现在经济交易上，还体现在虚拟世界的各方面，包括社会生活形式、情感寄托方式以及学习路径和娱乐等。

多元文化融合：虚拟世界是一个全球性平台，吸引着世界各地的用户。在这个数字化空间里，时空无界的特点使得不同文化、信仰和传统的人们能够轻松相遇，互相交流、学习和分享各自的传统文化、习惯和价值观。这种跨文化的交流和融合使得原本丰富的文化和背景在这里汇集、碰撞并逐渐融合，形成了一个多元而又统一的数字文明特色体系。

平等与包容：虚拟世界的多元文化得以形成，根本原因在于其倡导的平等和包容的价值观。无论用户在现实生活中的种族、性别、年龄、教育背景或职业地位如何，进入虚拟世界后都会拥有一个平等的、如同"初入世"的虚拟身份。这种平等鼓励了多样性和包容性，为每个人提供了展现自己能力和脱颖而出的机会，突破了现实社会中固有的社会阶层界限，为普通人提供了更多的成功机会。

自由表达与创新：虚拟世界鼓励用户自由地表达自己，创造自己的虚拟身份和小世界。用户可以自由地创建自己喜欢的外观和身份，超越现实生活中的身份和社会期望，重新塑造自己的身份，甚至是现实中不存在的化身形象，为在现实生活中感到受限的人提供了释放空间。虚拟世界允许用户充分展示其创造力和自由主义倾向，实现其现实中难以抵达的"理想自我"。

现实与虚拟的平衡：虚拟世界与现实世界紧密相连，这不仅体现在技术层面，更体现在心理和社会层面。用户在虚拟世界中的行为、决策和互动都是基于他们在现实世界中的经验、认知能力和价值观，一个在现实世界中高度尊重他人的人，在虚拟世界中也会表现出类似的社交特点。可以说，虚拟世界是一个真实与虚拟相互作用的数字空间。找到虚拟世界和现实世界的平衡，可以帮助用户在两个世界中做出明智的决策。

可持续性的数字文明：虚拟世界里的数字化存在没有物理损耗和环境污染，虚拟物品不会因时间、使用或其他外部因素而退化，始终保持其原始质量。虚拟物品和环境不会消耗现实世界的资源和生态环境，而不会对地球造成任何负担。通过减少对物理资源的需求，虚拟世界的发展有助于减少能源消耗和环境污染，从而支持现实世界的可持续性。

人机共创文化：人机共创文化是人类与机器在虚拟世界中共同参与创作、互动和发展的文化现象。随着人工智能技术的不断发展，AI虚拟人的出现以及各种AI助手的普及，人们在虚拟世界的社交生活和数字化工作越来越便利。然而，随着虚拟世界中的AI角色越来越多，AI监管也变得日趋重要。

3.2.4 虚拟世界的造世伦理

虚拟世界是一个充满无限可能的数字化空间，其规则可以由技术来定义。然而，随着开放式的虚拟世界和虚拟经济的飞速发展，用户将自己在现实世界中的思维、行为模式也潜移默化地植入了虚拟世界，从而形成了自由平等、多元共创的虚拟世界文化特征。在这个自由表达和创造的数字文明生态中，如何把握自由的程度以及规范创造的边界非常关键。

虚拟世界和元宇宙是通过数字科技实现的现实世界映射和延伸生态。考虑到人们对数字科技的需求和依赖以及技术驱动，虚拟世界/元宇宙的发展也面临着紧随而来的伦理、法律和社会问题。

首先，虚拟世界的规则制定者应该是谁？是虚拟世界的开发者和运营者，还是入驻虚拟世界的用户，或者是现实世界的政府和监管机构？每个参与者都有自己的利益和立场，如何平衡这些利益和立场，确保虚拟世界在平等、公正和透明的基础上可持续发展，是首当其冲的问题。

其次，当虚拟身份违反规则时，责任主体应该是谁？是虚拟身份的持有者，还是虚拟世界的开发者和运营者，或者是其他参与者？如何界定虚拟身份的行为与现实身份的行为之间的关系，如何确保虚拟身份的行为受到适当的惩罚和制裁，对责任主体施加惩罚和制裁的依据和量度是什么？都是需要严谨论证的问题。

再次，虚拟身份的行为应该受到哪些伦理和道德约束？虚拟世界是否应该有独立的、明文的伦理和道德规范？还是应该遵循现实世界的社交伦理和道德规范？如何确保虚拟世界的伦理和道德规范与现实世界的伦理和道德规范相一致，避免出现道德滑坡和伦理冲突？也是值得深入探讨的问题。

最后，AI 虚拟人已广泛出现在虚拟世界的各领域，AI 虚拟人的身份归属，执行任务出错造成损失时的责任归属，以及社交和工作过程出现的情感和依赖关系等，都需要及时制定管理准则来定义和规范。

随着虚拟世界对现实生活的影响越来越大，政府和相关机构应制定相关的法律和法规，为虚拟世界的参与者提供法律依据，确保他们的权益得到保障。

中山大学哲学系翟振明教授，曾在其著作 *Get Real: A Philosophical Adventure in Virtual Reality*（1998）和《有无之间：虚拟实在的哲学探险》（2007）中描述了 VR 的更进一步形态，现实世界通过物联网进行数字化链接，实现虚拟和现实完全融合的扩展现实（expanded reality，ER）终极形态——也就是如今元宇宙设计的理想态。

2022 年，翟振明教授开辟了新的研究领域——"造世伦理学"。

首先，虚拟世界的"物理"规则是人为定义的，因此需要理性制定一个最佳的虚拟世界物理定律。例如，虚拟物品是否可以编辑为像现实世界中的一样随时间变旧？虚拟世界的"自然"气候和生态进化是否可以编辑为像现实世界中的一样演变？

其次，对虚拟身份的攻击，从虚拟世界内部看是"物理"性质的，但现实中这可能只会对用户造成心理创伤。如何制定合理的责任归属原则，来满足数字世界普遍理性的要求？

翟振明教授认为，虚拟世界应该是通过技术手段构建的以"人"为核心的生态。他的观点以及对"造世伦理"的持续探索，为我们对虚拟世界的伦理、道德、规范的理解奠定了哲学理论基础。

3.3 虚拟世界的社会治理

随着虚拟世界复杂性和影响力的不断增长，建立有效的治理机制已经变得迫在眉睫。有效治理虚拟世界，确保数字空间的秩序、公平性和可持续性，需要从几个方面入手：用户参与和自治、信任和声誉、经济激励、技术制约、法律和共识。

首先，用户社区参与协同自治的重要性不容忽视。虚拟世界的用户通常会根据共同的价值观和规范进行社区自治。在虚拟世界中，用户不仅仅是消费者和玩家，也是内容创造者和决策者，更是文化建设者。鼓励用户的社区参与和自治，允许用户制定规则、解决争端并塑造社区文化，使其有主动意愿共建数字化的价值观，这有利于虚拟世界的健康生长和秩序维护。

其次，信任和声誉机制在虚拟世界中起着至关重要的作用。信任是任何社会关系的基石，无论是现实世界，还是数字化环境里。没有物理互动的虚拟世界，更加依赖声誉系统来建立信任。通过有效的声誉建立系统，用户可以更好地互相合作和交流。因此，如何在虚拟世界形成相互信任和维护虚拟身份的声誉是核心问题。

此外，奖励机制永远是驱动人们行为的有效因素，通过经济激励进行虚拟世界社会治理，也是不可或缺的手段。同时，虚拟世界已经成长为一个巨大的虚拟经济市场，需要有效的经济行为监管以及合理的收益分配制度，来保障虚拟社会经济系统的公平、透明、稳定发展。

技术是虚拟世界的基础，也是治理的保障。信息技术、数字科技创造了虚拟世界，也可以通过技术手段制定虚拟世界内部的规则，并管理虚拟世界的人物行为和物品权属。许多先进的工具和方法被应用于虚拟世界管理，为用户提供了安全和便捷的体验。前沿数字科技如人工智能、区块链等，在维持虚拟社会公平性以及丰富程度方面发挥着关键作用。运用技术手段对虚拟社会进行科学、客观的治理，可以有效地监督和管理虚拟世界的用户行为、社会关系、经济活动以及数字生态。

归根结底，任何社会治理离不开法律政策的约束和责罚。虚拟世界与现实世界的界限越来越模糊，相互融合越来越深，如何制定和实施相关的法律法规也是一个重要议题。随着虚拟世界的影响力不断增强，各国政府开始重视数字化治理问题。现实世界中可以借用的法律法规，如信息安全、技术专利、版权归属等方面，可以直接用于虚拟世界。刻不容缓的是，及时制定与虚拟世界息息相关的法律和政策，为虚拟世界的发展提供法律和政策保障。

3.3.1　虚拟世界内容创造和资源分配的公平性及其影响

社区是社会的基本单元，而社区自治是社会治理的重要手段。它强调社区成员自主参与和决策，而不是依赖外部干预。社区自治的核心理念是，社区成员最了解自己的需求和问题，因此他们是最适合做出决策和解决问题的群体。在虚拟世界中，虚拟社区内用户的活跃度和参与度与社区自治紧密相关，包括创建虚拟内容、进行社会交互、市场交易等经济行为，还表现在虚拟世界内各种行为准则和活动规范潜移默化地形成。

在技术实现的虚拟世界里，造物原则和数字居民的决策性活动都应该是公开和透明的，以确保所有用户都有平等的机会参与和互相监督。保持用户长期活跃的根本在于资源分配的公平性。在一个资源分配透明且公平的制度下，社区有权自主管理和分配资源，用户清楚了解自己的努力会获得相应的利益报酬，才会持续创造和交易虚拟资产，长期参与虚拟世界的行为和活动。公平分配激励了虚拟身份的创造性行为，同时也确保了用户的积极参与并减少了冲突。

区块链技术使得虚拟世界的信息可溯源，如人物的行为和社交互动、物品交易轨迹、资产归属转移和价值衍生等，这些信息都被记录在链上。同时，基于区块链技术的虚拟世界的价值归属也有所保障，如虚拟资产的所有权、来源、交易历史和价格等，都可以在链上查看。这最终确保虚拟世界可以为用户提供公平的收益分配机制，让用户产生强烈的动机，积极地参与到虚拟世界中，创造更多的价值。

实际上，DAO 为虚拟世界的社区自治提供了一个解决方案。DAO 让社区成员共同参与项目合作及决策，并约定公平的利润分配原则，让每个成员根据自己的贡献获得相应的回报，这极大地提升了社区用户的参与动机和积极性。

▌ DAO

DAO 是一种基于区块链技术的组织形式，通过智能合约来实现组织的运营和管理。DAO 的目标是创建完全透明的、无信息壁垒的、成员平等自治的组织，其组织制度和行为决策权由所有参与者共同决定。

DAO 不依赖任何中心化的管理机构或个体，所有的决策和操作都基于预先编写的智能合约自动执行，并记录在区块链上，任何人都可以查看，确保了组织的透明性。同时，区块链上的数据和交易都是加密的，确保了数据的安全性。

Decentraland 是一个成功的基于 DAO 的元宇宙案例，它展示了如何通过社区参与和自治的方式来发展和治理虚拟世界。Decentraland 基于以太坊建立，其虚拟土地和资产都是归用户所有的，是非替代性通证。用户在 Decentraland 创建内容，如艺术品、建筑设计等，并获得奖励。Decentraland 经常举办各种社区活动，如音乐会、艺术展览等，这些活动都由 DAO 来管理。

Decentraland 采用社区驱动的投票决策机制，强调 Decentraland 社区参与和用户自治，确保决策过程的公正和透明。这个过程中，用户首先在 Decentraland 官方论坛公开提出改进提议（decentraland improvement disposals，DIP），如虚拟资产价格、社区公共环境设计和使用公约等。DIP 经过社区内广泛讨论并修改后，交给土地所有者和虚拟股东进行投票决策，超过 50% 支持的提议会被采纳并执行。所有 DIP 和投票执行都在以太坊上公开，任何人都可以查看。

然而，任何基于技术的社会机制都存在处理过程中失误的风险。例如，以太坊智能合约可能会被钻漏洞，造成 Decentraland 资源损失或其他问题，如被少数用户通过多重虚拟身份控制多数投票权。这些挑战都是建立和谐共创的虚拟世界需要面对和应对的。

3.3.2　信任与声誉的建立对虚拟世界社会系统的影响

信任是社会关系的基石，需要时间和经验的积累，才能得以建立。在虚拟世界中，虽然人际交往非常方便，但与面对面的交流仍有一步之遥，因此数字化环境中的信任尤为珍贵，这是维系虚拟社会稳定发展的关键。

在虚拟世界中，信任主要体现在以下几个方面。

人际信任：在虚拟世界中表现为虚拟身份通过日常交往和经验积累形成的个体关系间的信任，是虚拟身份进一步互动的基础。例如，虚拟团队合作、虚拟资产交易、情感分享等活动，都需要建立在相互信任的基础上。这种虚拟世界的人际信任和现实世界的信任相似度很高。

制度信任：基于社会制度、规则和法律的信任，不依赖个人关系，而是依赖制度的稳定性、公正性，以及符合人们规避风险的期望。在虚拟世界中，制度信任体现在游戏规则、社区准则、平台政策等多个方面。这种信任能让用户相信这些制度能够公正、合理地调节和管理社区中的行为和关系，包括用户的创作能够得到版权保护，虚拟物品的交易平台稳定且保障用户的资产安全，第三方机构的专业性和真实性等。

人机信任：表现为对机器和算法的信任。例如，相信虚拟世界系统的稳定和安全，愿意将与现实生活关联的信息和资产植入；相信技术赋能的 DAO 社区管理体系；相信基于大数据计算的推荐系统和其他衍生服务；相信 AI 虚拟人并愿意与之交流，甚至产生依赖等。

无论是哪种形式的信任，在虚拟世界中都有着积极的意义。它们可以减少人际关系和系统复杂性，降低沟通和交易成本，促进合作和创新，并增强社区的凝聚力。而信任的建立又与信任对象的声誉有直接的关系。

声誉是社会大众对个体（或组织）在过去的行为和性能的总体评价，基于过去行为的总结来预测未来的行为和能力。高声誉用户被视为更可靠和值得信赖，与他们交互的风险低。

在虚拟世界中，声誉系统的构建和累积是产生和维护信任的关键。虚拟世界的声誉系统既有评价系统来收集用户对虚拟商品的反馈，从而形成物的声誉；也有授予虚拟人物徽章和奖品以示其某方面特定成就和贡献，建立和积累声誉的系统认证。

良好的声誉可以激励用户更积极地参与社区活动，因为他们的努力和贡献会被认可和奖励。所以，如何在虚拟世界里构建合理的声誉累计算法，让用户感知到制度信任，是优化虚拟社会治理机制的一个有效途径。这可以促进用户积极参与共建社会文化，起到良性循环的作用。

3.3.3　优化奖励机制以激励虚拟世界用户行为

奖励机制是虚拟世界中强大的工具，用于激励用户参与社会行为、社交互动和合作创新。其中，经济利益奖励在众多奖励机制中尤为突出，因其直接有效。根据社会交换理论，人们在社交互动中总是期望从他们的行为中获得某种回报。在虚拟世界中，奖励机制为用户提供了明确的回报，从而鼓励他们继续特定的行为，如创建虚拟物品、参与合作共创等。

在这样的规范性影响下，当这种行为被视为有价值或被奖励时，其他成员也会感受到社会压力，追崇类似的行为模式以获得经济利益。

奖励机制会鼓励虚拟世界的用户持续活跃和保持参与度。根据行为的操作条件理论，当一个行为后面跟随着奖励时，这个行为的频率会增加。在虚拟世界中，用户可能会重复那些带来奖励的行为。奖励机制可以增加用户满意度，从而增加他们持续探索和使用虚拟世界的意愿。

当然，用户在虚拟世界的持续参与行为是外部动机和内部动机共同驱动的结果。虽然外部奖励可以增强行为，但为了持续和深层次参与，内部动机（如满足感、成就感）的激励也很有必要。为了长远保持虚拟世界的成长性及其用户的长期有效参与，设计奖励机制时要平衡内外部动机，让用户产生对虚拟社会的认同感。

除了经济利益奖励，即提供具体的虚拟物品、服务、价值交换媒介等，还有多种激励用户行为的方式和奖励内容，举例如下。

社交认可奖励：当用户完成特定任务或达到某个目标时，授予其徽章或成就；根据用户的表现或成绩发布排行榜；为他人行为点赞或评价也视作社交贡献，以增加经验值。

进步和成长奖励：在竞技类场景活动中，为参与活动或完成任务的用户提升等级，甚至解锁新能量。

参与和贡献奖励：为活跃用户或贡献者提供特权访问或授予重要角色。

此外，还有从情感和心理建设的角度激励用户的方式，可以内部驱动虚拟世界用户的深入参与和长期活跃。

在虚拟世界里，选择和设计奖励机制时，要考虑其目标、用户需求和长期影响，确保奖励分配的公平性。公平性不仅体现在奖励的数量方面，还体现在奖励的机会和过程方面。奖励机制的反馈和动态调整也能不断满足用户的期望和需求。不同的用户群体对不同的奖励有反应，因此可能需要结合多种奖励机制来满足广泛的用户需求。最重要的是，奖励机制应该是透明的，并考虑其长期影响，让用户知道如何获得奖励及其长远价值。

3.3.4　虚拟世界的法律和共识

虚拟世界的社会治理与现实世界的治理相似，都离不开法律法规。现实世界中的一些法律法规和原则可以应用到虚拟世界的治理中。

知识产权法：保护创作者、发明家和商标所有者的权利，防止他人未经许可使用、复制或分发其作品、发明或商标。在虚拟世界中，用户创作的内容、虚拟商品和角色设计都受知识产权法的保护，曾有 Second Life 用户因为其涉及的虚拟商品被复制和销售而提起诉讼。

合同法：规定了合同的形成、执行和解除的规则。虚拟世界中的用户协议、购买条款和服务条款都可以视为合同，服务条款通常包含了关于虚拟物品所有权和用户行为的规定。

消费者保护法：旨在保护消费者免受不公平、欺诈和欺骗性的商业行为。虚拟世界中的虚拟商品销售都受消费者保护法的约束。

虚拟商品购买者有权在一定时间内退货，这与实物商品的退货政策相似。

隐私权和数据保护法：旨在保护个人隐私权和个人数据。虚拟世界的运营商必须确保用户的个人信息和数据得到适当的保护。Oculus 曾因其数据收集和隐私政策受到批评并承担法律责任。

刑法：规定了某些行为的刑事责任。虽然虚拟世界是非物质的，但如网络欺诈、骚扰或威胁，仍可能触犯现实世界的刑法。例如，韩国的一名玩家因为在虚拟世界中盗窃其他玩家的虚拟物品而被判刑。

同时，虚拟世界还有可能触及和现实世界有关的其他法律，如国际法、税务法、劳动法、物权法等。但考虑到虚拟世界的特殊性和复杂性，有必要制定新的法律和法规来应对新的挑战和问题。

虚拟世界的法律法规应保证其中的每个成员都受到平等对待，确保所有用户都能在公平和无偏见的环境中互动，享有基本权利，如隐私权、表达自由权和知识产权。为了确保虚拟社会的和谐和稳定，需要有一套规则来约束用户的行为，以防止欺诈、骚扰和其他不当行为，确保虚拟社会的安全和秩序。

除了法律法规，社区共识也是规范虚拟世界行为的有效且低成本的办法。虚拟世界的共识治理是基于社区成员之间达成的共同认知和协议来管理和指导虚拟社区的方式，强调的是社区的参与度、透明度和协作。由于虚拟世界是一个不断变化和发展的环境，共识治理更加具有灵活性，已成为大家认可的公正和有效的机制，用来解决各种各样的冲突，确保社区的和谐和稳定。

在许多虚拟世界中，区块链和智能合约技术被用作共识治理工具。这些技术可以确保协议的执行、交易的透明度和数据的不可篡改性，其优势还体现在激励机制和声誉系统的建立，以及不良行为的规避方面。

3.3.5　规避虚拟世界的不良行为

随着科技的飞速发展和应用，技术已经成为了实现社会治理目标的重要工具。在虚拟世界中，数字科技在社会治理中的作用日益凸显，展现出了比人治高效、比法治有情的特性。

基于虚拟身份的行为大数据分析，能够更好地洞察用户行为特征和偏好，从而提供更加个性化的服务。同时，对虚拟世界用户的整体行为数据预测，也可以通过人工智能垂直大模型预测公众情绪从而提供公共服务。

物联网技术在虚拟世界和现实世界的互联互通中发挥着关键作用。通过连接各种设备和传感器，物联网能够实时关注现实世界的社会活动，提供更加精确和及时的公共服务，及时预警风险状况并采取应急管理措施。

区块链技术以其存储结构的稳定性和透明度，确保数据的真实性和不可篡改，为虚拟世界的用户身份隐私保护、价值归属、虚拟资产交易安全等提供了技术保障。同时，区块链技术也让虚拟世界的用户行为得到了约束，可有效规避不良行为的发生。

在虚拟世界中，用户不仅是信息的接收者，也是内容的创作者和传播者。对于内容输出和传播的伴生负面行为，应尽可能规避，以防破坏虚拟世界全民共创的环境。目前，虚拟世界里已经出现了一些可能触及法律红线的不良现象，如虚拟内容抄袭、不实言论过度营销、"网络雇佣军"造谣传谣、"流量为王"的眼球文化、虚拟自媒体舆情误导等。这些无疑会损害虚拟世界的公信力，让用户对社区环境失去信任。一旦放任不管，就会造成利益驱使的负面行为日趋泛滥。

区块链技术为我们提供了解决方案，其时间戳、加密哈希和分布式数据结构，能够防止数据或信息被篡改。当用户创作的内容被添加到区块链上后，篡改成本相当高。用户在虚拟世界中的任何内容创作、交易历史都记录在区块链上，不可抹去。这种高信息透明度的环境使得用户意识到任何不良行为都存在被存证的相关风险，如损毁声誉、承担法律责任。保护动机理论说明，人们对自己面临的机会和风险进行评估后会有应对措施，虚拟世界用户一旦意识到不良行为所带来的风险，就会采取回避态度，倾向于避免这类不良行为的发生。

最终效果是原创用户的版权信息通过可溯源性得到了保障，创作成果得到了合理公正的确权和经济补偿。同时，应用和研究显示，区块链网络可有效防止社交机器人影响用户接收并传播谣言。另外，区块链技术在防控社区谣言传播方面具备相当优势，还可以规避隐私泄露的风险。

总之，虚拟世界的社会治理，核心是保护人的中心地位。虚拟社会政策的制定以及相关技术的研发和应用实现，都要以人的需求和利益为出发点和归宿。数字科技可以提高社会治理的效率和效果，而良好的社会治理又为技术的探索、创新以及应用场景提供了稳固的基础。

3.4　虚拟世界与现实世界的关系

在现实世界的历史长河中，很少出现虚拟世界深刻影响现实社会这样的现象。数字科技以其神奇的力量将我们曾经梦寐以求的理想变为现实，引领我们进入数字化时代。在这个时代，虚拟世界与现实世界的界限变得越来越模糊，两者之间的联系也愈发紧密，密不可分。

现实世界是虚拟世界的基础。虚拟世界的创造和运转离不开人类的意识和现实设备技术的支持。虚拟世界由数字科技构建和维持，而现实世界才是我们存在的物理基础。虚拟世界既像是现实世界的平行宇宙，又和现实世界紧密相连，就如同数字世界和物理世界之间的虫洞被打开，两者交互影响。随着数字科技的持续进步，虚拟世界和现实世界之间的关系不断演变，两者的融合也日益深入。

现实世界的历史、文化、行为规范等元素塑造了虚拟世界的叙事和动态。虚拟世界的出现改变了我们在现实世界中的感知、行为以及宏观生态。它催生了新的社交形式和文化表达，以其多样性和灵活性的虚拟文化影响着现实世界的艺术、时尚和价值观。在虚拟世界的社交可以建立和维护现实世界的友谊，而虚拟经济的模型也与现实经济有许多相似之处，正在成为数字经济的重要组成部分，甚至影响全球经济的格局。

虚拟世界虽然映射了现实世界，但并非完全复制。它能够打破现实世界规则的束缚，实现现实世界无法完成的事情。例如，虚拟世界的仿真模拟能够大量减少现实世界的物质和时间成本。我们可以通过观察虚拟世界的数字化动态来控制生产，优化现实世界的实际流程。

虚拟世界与真实世界的融合，正在挑战我们对空间、时间和身份的传统理解，潜移默化地重塑我们对现实的认知，改变我们的生活和工作方式。例如，在教育和学习方面，虚拟世界已经彻底改变了模式，提高了效率；在医疗保健领域，虚拟治疗为更多人提供了丰富的医疗资源，数字平行世界的疗愈作用为人们提供了逃离现实压力的窗口；虚拟世界的气候模拟以及实体行业的环境影响模拟，为实现现实世界的碳中和目标提供了参考；在智慧城市管理中，数字化平台也体现了虚拟世界的宏观价值。

然而，这种理想化的融合并非没有挑战。例如，数字鸿沟的出现反映了社会经济的不平等，威胁着将边缘化群体排除在虚拟世界的利益之外。数字科技的高速发展会放大这种风险。虚拟世界与现实世界微妙互动着，它们之间的边界、相互影响、文化和价值体系的细微差异、技术进步与应用交互的前景，都值得深入理解和全面探索。

3.4.1　虚拟世界：文化的传承媒介

数字时代的文化传播不受物理空间和传统媒介的限制。虚拟世界与现实世界之间的文化交互包括虚拟世界文化的孕育和交流、传统文化的保存和传承，以及虚拟和现实的交织、相互映射和延伸。

▌传统文化以数字形态保存和传承

数字化物品不受物理规则的限制，也不会随着时间的流逝而损耗或被环境侵蚀，是实体化文化产物的理想保存形态。随着数字孪生技术的不断发展，许多传统文化已经被转化为数字形态，这样不仅更便于保存和传承，也让更多人能够以相对较低的成本接触和了解这些文化。

数字化的文化形态更容易被传播和分享。在虚拟世界中，许多古老的书籍、手稿和艺术品已经被"复制"成数字形态。这种数字化的文化不仅更好地保存了珍贵的文化遗产，而且让更多人能够通过互联网欣赏和学习。VR 技术为传统文化的保存和传承提供了更加引人入胜的体验。人们可以通过 VR 头盔进入一个数字化的古代城市或文化遗址，亲身感受特定时期的文化和生活，深入理解传统文化和历史。

许多博物馆和艺术机构利用 VR 技术为公众提供沉浸式的艺术和文化体验。例如，英国伦敦大英博物馆[①] 推出了一项身临其境的虚拟参观服务，游客可以在线探索大庭院、罗塞塔石碑、埃及木乃

---

① https://360stories.com/London/story/the-british-museum。

伊和其他古代奇迹。这种数字体验让用户可以在家中深入了解各种文明的丰富历史和文化。

法国巴黎卢浮宫博物馆为一些著名艺术展提供"虚拟之旅"[①]，包括《蒙娜丽莎的微笑》和《米洛的维纳斯》等。这一举措弥合了虚拟和现实世界体验之间的鸿沟，使得全球观众能够与标志性的艺术品互动。

在美国华盛顿特区的史密森尼国家自然历史博物馆[②]，游客可以通过"虚拟之旅"探索哺乳动物大厅、昆虫动物园和恐龙展。

这些世界知名博物馆的数字化虚拟探索为全球的艺术、文化爱好者提供了便捷的学习和交流空间。通过数字技术，中华文化也可以在虚拟世界中更好地保存和传承，更好地在全球范围内传播。无论是音乐、舞蹈、绘画、雕塑，还是非物质文化遗产，都可以在虚拟空间中以数字形式得到丰富和真实的展示。数字孪生技术可以复原中华非物质文化遗产，如传统工艺陶瓷、刺绣和木雕等，让人们可以在虚拟世界中欣赏、学习和传承这些技艺。

▌虚拟文化的起源和发扬

虚拟文化是存在于虚拟世界，通过数字化形态发展和演变的文化，明显受现实世界文化创造者的塑造和影响。虚拟文化以其多元性和包容性，打破了地理、种族和社会阶层的传统限制，为不同背景的人们提供了展现和交流的平台。

虚拟文化的内涵和形式丰富多样，包括音乐、艺术、文学和游戏等多种表现方式。它不仅汇聚了全球性的文化趋势，也展现了无数个体独特的创意。例如，二次元文化、复古时尚潮流和行为艺术等，都在虚拟世界的推动下，迅速传播并演变为全球性文化现象。

---

① https://www.louvre.fr/en/online-tours#virtual-tours。
② https://naturalhistory.si.edu/visit/virtual-tour。

同时，虚拟世界为个人创意的展现提供了更为广阔的舞台。在这个平台上，新锐艺术家和创作者们得以充分展现自我，赢得广泛的声誉和成功。他们通过虚拟世界这一媒介，让自己的作品和创意跨越国界，触达全球。

▍虚拟文化是现实世界的映射

虚拟世界通常反映现实世界的文化，保留传统并促进文化创新。虚拟世界并非独立于现实世界的数字领域，而是现实世界文化、传统和价值观的映射和延伸。

例如，许多虚拟世界的社区规则和游戏步骤反映了现实世界的文化背景和历史。玩家可以在虚拟世界的不同社区场景下体验不同的文化和传统，从而加深对现实世界的理解。

同时，在虚拟世界中，来自不同文化背景的用户进行交流和互动，分享各自的文化和经验。这种跨文化的交流促进了文化的传播和融合，拓宽了用户的视野和认知，也衍生出新的文化形态。因此，通过对虚拟世界新文化的关注，我们能对用户的现实文化背景有更深刻的认识，进而促进现实世界的跨文化交流与全球文化的融合创新。

综上所述，虚拟世界与现实世界之间的文化交互是深刻而有意义的，这反映了技术、文化和社会相辅相成的发展趋势。随着数字科技的不断升级和应用创新，可以预见，虚拟世界和现实世界之间的文化交互将变得更加紧密和多元。

3.4.2　心流：虚拟世界的心灵疗愈

虚拟世界的成长紧密伴随数字科技的进步，为用户提供了一个愈发真实、丰富和互动的环境，已然成为现代社会的重要组成部分。在这个数字空间里，人们能够进行社交、工作、探索，甚至冥想。这不仅从技术上提供了一个数字化的平行世界，使得许多现实世界的活动在虚拟环境中变得更加便捷和高效，还能够从心理上帮助人们达到一种"忘我"的状态，即所谓的"心流"状态。

1975 年，心理学家 Mihaly Csikszentmihalyi 首次提出了心流的概念。他描述心流为一种特殊的心理状态，当人们进行某项活动而进入心流状态时，他们完全沉浸其中，忘记了时间的流逝，忘记了自己的存在，只专注于手头的任务。这种状态通常伴随着高度的专注、积极的情感和高效的表现。进入心流状态的人会感到时间过得很快，他们的注意力完全集中在当前的任务上，外部的干扰和分心的事物都被排除在外，活动任务和自身能力完美匹配，整个过程不需多加思考而浑然天成，并常伴随着愉悦、满足和成就感等。

为什么虚拟世界的用户容易进入心流状态？首先，这得益于虚拟世界的沉浸式体验。VR 头盔等终端设备隔离了外界的一切干扰，用户专注并沉浸于眼前的虚拟环境里，这就是进入心流状态的理想条件。其次，虚拟世界自由和多样的文化，使用户可以根据自己的兴趣和偏好，来到自己心仪的场景，选择令自己最放松的参与方式、与自己能力最匹配的活动，甚至找到自己最舒服的现实姿势，这些条件都利于用户发挥完美的能力状态和进入积极的情感状态。此外，虚拟世界中高效的社交互动也为用户提供了即时反馈，用户依此不断调整以达到最佳状态，可以快速获得认同感和成就感。

根据心流理论，借助于数字科技，在虚拟世界中进入心流状态有助于现实世界中的人类慰藉心灵、激发灵感、迸发创意。随着 VR 技术的日益成熟，越来越多的人开始在虚拟世界中寻找乐趣、创意和精神寄托。

提升精神力：虚拟世界沉浸式的环境有助于用户专注于手头的任务而进入心流状态，这通常要求创建真实、细节丰富的场景。例如，VR 冥想应用 Guided Meditation VR 就创建了真实感强烈的自然环境，用户可以沉浸在瀑布、海滩或森林中，赏鸟语花香，品大自然的交响曲。通过 VR 头盔进入这样的环境，用户很容易放松自己，忘记现实世界的烦恼，进入心流状态，并通过冥想来释放压力和提升精神力。

心理疗愈：对于长期离家的人们，虚拟世界可以为他们创造一个与童年环境相似的，甚至已经不存在的场景。当现实令人困倦时，戴上 VR 头盔穿越到过去生活的旧屋，重温家乡的风景和美好的回忆。这种情感上的舒缓有助于他们进入忘我的心流状态，从而缓解乡愁和孤独感。类似地，适当的 VR 场景设计对疗愈某些心理疾病，如焦虑、抑郁、PTSD 等，也有显著作用。

激发创意和灵感：在虚拟世界中，用户可以自由地探索和创造，充分发挥自己的创意和想象力，从而进入心流状态。在虚拟世界中创作通常意味着用户可以立即看到他们发挥想象力和创意的成果，获得愉悦和成就感。以 VR 绘画应用 Tilt Brush 为例，用户戴着 VR 头盔，通过手柄操作虚拟画笔在 3D 虚拟空间中绘画，每一笔每一画都会立即呈现在用户的眼前。这样的 3D 沉浸式环境也有助于创作者进入心流状态，激发他们不断产生灵感和创意。

提高工作效率：毋庸置疑，在虚拟世界中进入心流状态，忘记时间的流逝，高度专注于手头的任务，有助于提高工作效率和质量。数字化办公的环境创新对现实社会的总效能有着积极的作用，这也是互联网巨头纷纷投入到元宇宙应用研发的原因之一。例如，在微软对未来元宇宙的设想中，人们通过 VR/AR 设备进入 3D 沉浸式工作环境进行实时、面对面的交流，办公效率及协同共创能力将会大大提升。

3.4.3　虚拟世界的经济价值

虚拟世界对现实世界的经济产生了深远的影响，从推动新的商业模式、创造虚拟商品和服务的市场，到数字化价值交换媒介和非替代性通证的兴起，再到虚拟经济与实体经济的交互，都在重塑全球经济格局，为企业和个人提供了前所未有的经济机会。

作为数字经济的一个重要组成部分，虚拟经济源于虚拟世界的虚拟商品和服务的创建、购买、销售、交易，并扩展到其他各种数字平台产生，已经成为经济体系中不可忽视的存在，对数字经济和实体经济都有重要的影响。

▌虚拟经济的价值

虚拟经济源于虚拟世界中迅速发展的经济活动。在虚拟世界这个沉浸式数字空间里，无数用户被吸引，他们进行社交、工作、生活，继而产生了和现实世界中类似的虚拟市场，并加速了虚拟经济的崛起。虚拟经济以供应和需求为基础，通过虚拟商品和服务的交易来实现价值交换。这些商品和服务可以通过数字化的等价交换媒介，如比特币等虚拟货币，也可以通过现实世界中的法定货币进行交易。

虚拟世界不仅提供了高效的社交和工作环境，还改变了人们的生活习惯，并催生了新的文化形态。越来越多的人开始参与虚拟世界的经济活动，将现实世界的更多领域与虚拟经济相结合。例如，虚拟财产——无论是虚拟化身形象、虚拟商品，还是用户账户，以及在虚拟世界中创作和交易的数字艺术品——它们也可以在现实世界的二级市场进行交易，这证明了虚拟资产的价值。

虚拟经济不再是一个小众市场。一些艺术家出售其数字作品，如 Beeple 曾在佳士得以 6900 万美元售出其 NFT 作品 *Everyday: The First 5000 Days*[①]，彰显了虚拟经济的巨大潜力。随着元宇宙和现实世界的经济体系逐步融合，虚拟世界带来的经济价值持续增长。

---

① https://www.bbc.com/news/entertainment-arts-56368868。

Meta 研究预测，10 年内元宇宙经济将占全球 GDP 总量的 2.8%，达到 3 千亿美元 / 年 [1]，其中 1/3 的贡献来自亚太地区。

此外，实体资产也可以通过数字化通证在数字经济系统中流通和交易。虚拟和实体经济的界限逐渐模糊，两者通过金融科技和各行各业的关联、资产跨界流通，互相促进并推动了经济的流通和繁荣。根据世界银行的研究，全球数字经济年价值超过 11.5 万亿美元 [2]，其中虚拟经济的贡献不可忽视。

▋ 虚拟世界的未来经济潜力

虚拟经济的崛起与数字技术的飞速发展紧密相连，已经从一个新兴领域成长为一个充满活力的生态系统。它与现实经济的融合正在重塑我们的生活和工作方式。

在消费市场领域，虚拟经济与电商行业的深度融合实现了跨平台的商务活动。品牌商纷纷创建虚拟商店和展厅，让消费者在 3D 环境中体验产品，购买数字商品以及现实世界的产品。

在房地产领域，虚拟世界中的远程办公为全球合作提供了巨大的机会。Second Life 和 Decentraland 等虚拟平台上的房屋建设和装修正在经历变革，不再局限于传统的地产业商业模式，而是瞄准了远程办公的创意和效率平台。

在娱乐与文化领域，艺术家们在虚拟世界中举办音乐会，进行影视创作，触达全球观众。虚拟旅游也随时为用户展示受欢迎的旅游目的地和文化遗址。此外，教育与培训也可以部分移入虚拟世界，让学生们实时在虚拟校园中获取数字资源、自由研讨、模拟科学实验，专业人员培训可以通过虚拟环境沉浸式学习实践经验和技能。

---

[1] www.analysisgroup.com/globalassets/insights/publishing/2022-the-potential-global-economic-impact-of-the-metaverse.pdf。

[2] https://www.brookings.edu/articles/trends-in-the-information-technology-sector。

在金融科技领域，虚拟世界为客户提供了更灵活多样的金融服务，以及沉浸式客户服务。

虚拟世界中还涌现出了许多新的创业机会和工作角色，如虚拟活动策划、数字时尚设计等，这些工作在传统经济中是不存在的。

3.4.4　虚拟经济与实体经济的交互融合

虚拟经济与实体经济的交互融合，可以促进实体行业更快速、稳定地增长，为各行各业带来了破茧重生的机会。

▍虚拟世界服务实体经济

商业模式升级：虚拟世界是实体行业进行营销推广、客户服务、广告宣传以及附加服务的场所，可以作为新的销售渠道。

全球化市场：虚拟世界为实体企业提供了全球化的平台，使得它们可以轻松触达广泛的客户群体。

智能制造降本增效：数字孪生、模拟仿真、VR 等技术结合，可以帮助实体行业进行数字化升级，提高生产效率并降低运营成本。

研发和创新：类似地，这些数字科技加速了企业创新和研发进程，让虚拟世界成为协同创新的场景，在数字化形态中模拟创新应用并快速得到客户和市场的反馈，优化研发方案。

▍虚拟世界赋能现实世界的应用场景

基于虚拟世界的特点，现实中需要展示空间结构、依赖实时沟通、期望人工智能辅助的场景，可以和虚拟经济完美融合。

旅游、地产、酒店业：通过沉浸式环境，我们可以更好地预览目标地点的布局和景观。更重要的是，虚拟世界使我们能够游览已消逝的历史遗址、感受自然奇观、探索宇宙奥秘，甚至领略完全想象的景观，这些都是在现实世界中无法体验到的。

商业零售：如新产品的 3D 展示、虚拟试衣间等增强购物体验的场景，配上触觉手套就能够完全取代真实购物体验。

生活教育：虚拟世界为教育和培训提供了更加自由的交流平台。例如，通过全方位观察和模拟实验，用户可以很快熟练掌握相关过程。此外，在虚拟设备的辅助下进行体育竞技项目的陪练，效果也非常显著。

医疗服务业：通过实时沟通和 VR 技术，医生可以为偏远地区的患者提供及时的医疗服务，同时提供健康咨询和处方建议。运用手术模拟技术，医生可以在虚拟环境中进行手术练习，以提高手术成功率和安全性。例如，美国 Touch Surgery 公司开发了一款帮助医生进行术前模拟操作的手术模拟软件。

制造业：产品设计中的数字 3D 建模技术让设计师能够更加直观地呈现和修改设计方案，还能与 3D 打印技术相结合，实现从虚拟到现实的无缝对接。这种技术正在用于新一代智能工厂，彻底颠覆了传统制造业的生产流程。更值得注意的是产品在数字化形态下，可以在虚拟世界中进行用户意向调查和市场测试，这不仅能为产品设计提供即时的市场反馈，还大大降低了研发阶段的试错成本。

农业：VR 和物联网等信息技术也为农业数字化转型创造了丰富的应用场景，使农业生产更加高效、可持续和智能化。数字化农田管理、智能农机和虚拟农田模拟为农业生产带来了革命性的变化。通过先进的传感器技术和大数据分析，农民可以实时监控土壤湿度、温度和养分状况。利用无人机进行播种、施肥和喷洒农药，使农田作业更加自动化。美国的 John Deere 等公司推出了自动驾驶的拖拉机和收割机。荷兰 Wageningen 大学研究农业元宇宙模拟农田环境，预测作物生长状况和产量，帮助农民做好生产计划以及实时的风险管理。

数字科技将虚拟与现实紧密地连接起来，在各行各业发挥着重要作用。而 VR 和 AR 的广泛应用，结合虚拟世界的优势，不仅改变了人们的生活工作方式，还升级了实体经济，工业、农业、服务业，都验证了数字科技的力量。物联网传感器捕捉现实世界的行业数据，使虚拟世界更加真实和生动地模拟现实，为虚拟世界和现实世界的无缝交互提供了强大的支持和逼真的体验。

3.4.5　虚拟世界里的现实社会治理

城市元宇宙是虚拟世界从技术层面对现实社会进行治理的理想模型，与当下全球智慧城市的发展理念相辅相成。智慧城市依赖遍布城市的物联网设备，如智能传感器，来收集交通、空气质量和能源使用等方面的数据。数字孪生技术则是在虚拟环境中模拟城市的运作，为现实决策提供仿真预测的数据来源。区块链技术用于确保智慧城市中数据的完整性以及各部门间的数据加密共享，还能保障数据安全。这些数据经过人工智能算法的处理和分析后，可用于预测未来的发展趋势并做出基于数据的决策，为城市规划者提供参考。而 AR 和 VR 提供了可视化和沉浸式的环境，使城市规划变得更加直观，并为城市管理人员提供了实地培训的机会。这些技术的融合构成了城市元宇宙的核心。

城市元宇宙的构建不仅是对实体城市的数字化模拟，而是主体多维互动的、行业间高度融合的数字生态系统。其通过数字孪生技术将实体城市中与人们日常生活息息相关的各个领域，如建筑、交通、能源、公共设施、生态环境等，精确地复制到数字空间中，建立一个与实体城市高度一致、实时同步的数字模型，在这个虚拟环境中模拟、预测实时动态，并整合各种数据以实现资源优化，为城市规划者提供数据依据和分析结果。市民也可以通过数字身份参与其中建言献策，共创和谐环境，这不仅可增强归属感，还为可持续发展注入了创新动力。

城市元宇宙即智慧城市应用，已有较科学的设计和试用。例如，利用 VR 技术构建·个与实际电网结构和运行状态高度相似的虚拟电网环境，来监控、控制和优化电力生产、传输、分配和消费的各个环节。工程师可以在数字化模拟环境中直接观测电网的运行情况，也可以进行模拟测试。还可以通过长期运行数据的实时动态分析，预测电力需求的增长、设备的老化程度等，为电网的长期规划和维护提供预警，自动调整电力供应，提高能源效率，确保电力系统的稳定和安全。

在能源元宇宙中，可以创建虚拟的风场环境，模拟风力发电机的运行状态和风速、风向的变化，帮助工程师准确预测风能的产出，优化风力发电机的布局，提高其运行效率。类似地，也可以模拟日照的角度、强度和照射时间，以及太阳能板的摆放角度和位置，这有助于理解太阳能的收集和转化过程，从而优化太阳能系统的设计和运行。此外，能源元宇宙还可以实现多种能源的存储和分配的模拟，保障可再生能源的稳定供应。

除了和生活生产紧密相关的能源生产、供应、运营等，交通领域也可以从城市元宇宙中受益。例如，智慧交通管理系统集成了大数据分析、物联网、云计算、VR 等技术，通过实时收集、分析和处理交通数据，能够预测交通流量，调整交通信号灯的时序，甚至为驾驶员提供最佳行车路线建议。以杭州市的"城市大脑"项目为例[①]，该项目通过分析各种交通数据，减少了交通拥堵和事故，也在安全、卫生等方面发挥着重要作用。

---

① https://www.huaweicloud.com/zhishi/smart-18509275.html。

第4章

虚拟世界用户行为的
实证研究

本章通过三个实证研究，应用行为经济学实验方法，基于心理学、社会学、传播学、信息系统学科等理论，剖析虚拟世界的用户行为。

研究一： 基于媒体丰富度和社会存在感理论的虚拟世界服务质量的探索性研究，比较虚拟世界与传统平面网站的客户服务质量，科学验证虚拟世界的优越性。虚拟世界能为用户提供物理临场感和社会存在感，让用户感受到更高的客户服务质量。

研究二： 虚拟世界的消费者信任及其对购买行为的影响的研究，通过消费者对虚拟世界商品的真实度感知，预测其购买行为。

研究三： 基于区块链技术的数字确权对虚拟世界用户创作意愿的影响的研究，从心理所有权的角度阐释区块链技术及其特点是虚拟世界用户创作版权保护的定心丸，会提升用户在数字确权机制下的创作意愿。同时，探讨区块链技术定义数字内容编辑制度，及其对数字确权影响的边界效应。

4.1 虚拟世界的社会存在感

客户服务是建立和维护客户关系的关键，客户服务质量和满意度已成为评价公司价值的一个维度（ZEITHAML, 1988）。因此，如何提高服务质量，尤其是线上客户服务质量，是所有企业都关注的重要问题。

然而，根据媒体丰富度理论（DAFT et al., 1986），由于传统线上服务的客户服务人员与消费者之间无法面对面交流，相对于实体客户服务中心降低了消费者和商家之间的沟通有效性，也不能达到对实物观察的感知度，在一定程度上影响了服务质量。例如，消费者对空间分布信息很关注的产品（旅游、地产行业等），若缺少实物展示，则难有对商品的具体感知；在对细节信息要求精确的行业（咨询、医疗、教育等），缺少实时的直接沟通便难以实现高质量的服务。

客户服务质量的重要性已在以往的研究中得到充分证明，它有利于市场份额和投资回报率的提升（PHILLIPS et al., 1983）。从客户的角度来看，他们感受到的服务质量被广泛认为是提供优质客户服务的一个关键评价尺度（PARASURAMAN et al., 1988）。因此，如何评价服务质量并抓住其中的关键测量维度，被企业、消费者以及科研人员视为极重要的研究课题。

专业的科研人员在过去几十年里一直在试图制定一个标准的服务质量测量标准（PARASURAMAN et al., 1988；PAULIN et al., 1998; Pitt et al., 1999; SASSER et al., 1978），并根据消费者对客户服务的期望值和服务后评价提出了各种定量评价方式。

对于如何测量实体客户服务中心的服务质量，Parasuraman 等人开发了 SERVQUAL 服务质量量表，以评价实体客户服务中心提供的服务质量为基本出发点，包括五个影响总体服务质量的核心因素的测量维度：可靠性（承诺和服务内容的一致性）、有形性（服务的实物特征，消费者对产品和服务地点的感知）、响应性（主动帮助顾客）、安全性（沟通、信誉、信任、竞争力和礼貌）、移情性（对每个客户的个性化认知）。

以前的学术研究在探索沉浸度和存在感之间的关系方面做出了贡献。虚拟环境的沉浸度主要由其外观设计的内在、外延、周边环境和生动的程度决定（SLATER et al., 1995）。存在感是一种心理意识，指用户存在于虚拟环境中的感觉（SLATER et al., 1995; STEUER, 1992）。虚拟环境的沉浸度表征的是计算机模拟环境中的物理特征，即代表现实世界的丰富程度。用户在环境中的存在感也被认为是实现 VR 的关键因素（BANOS et al., 2004; RIVA, 2004）。环境的沉浸度越高，用户的存在感越强烈（SLATER et al., 1995；SLATER et al., 1996）。令人感觉身临其境的仿真环境，在逼真的空间内使得用户感受到置身其中（BARFIELD et al., 1995；BARFIELD et al., 1997）。并且，在现实世界里的空间探索和在令人身临其境的虚拟环境中探索，获得的信息差别并不大，在计算机模拟仿真环境中可以获得与现实世界里类似的感官信息（WILSON et al., 1993）。在身临其境的环境中工作的人，比那些在非沉浸的环境中工作的人获得的存在感更高（HELDAL et al., 2005）。

4.1.1　理论基础与研究模型

▌服务质量量表（适用于虚拟世界和平面网站服务）

比较虚拟世界和传统平面网站的服务质量，需要开发对两种形式客户服务都适用的量表。Parasuraman 等人开发的 SERVQUAL 客户服务质量量表有五个测量维度，如图 4.1 所示。

有形性（Tangibles）最初是指物理设施、设备和人员的外观（PARASURAMAN et al., 1988）。而在线上服务中，这些实体因素不再适用。因此，服务的有形性在线上服务环境下，被重新定义为网站的设计美感（YOO et al., 2001）和视觉吸引力（LOIACONO et

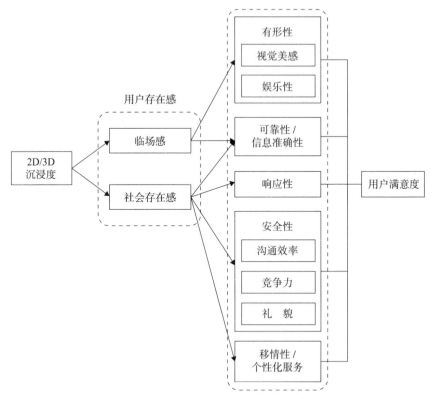

图 4.1 服务质量的研究模型

al., 2002）。虚拟世界生动地模拟现实世界中的场景，因此本研究采纳这些因素来测量 3D 环境的物理特性。此外，客户需要与虚拟物品或环境交互来熟悉产品和服务平台。因此，娱乐性（LIU et al., 2000）也成为衡量虚拟用户、对象和环境视觉特征的一个重要因素。在网络服务质量文献综述中，定义有形性为虚拟对象和环境的设计美观、服务环境吸引人的特征（MCKNIGHT et al., 2002）。这些项目在现有文献研究中广泛用来测量网络服务质量。

可靠性（Reliability）最初定义为能够可靠、准确地执行所承诺的服务的能力（PARASURAMAN et al., 1988）。比较企业相关产品 /服务的信息如何在平面网站和虚拟世界两种服务平台中准确传达的能力，不考虑企业对产品 / 服务的交付，包括交易过程的可靠性和订单完成过程的准确性。因此，可靠性重新定义为信息的准确性，即清晰、简明表达产品 / 服务的信息，包括价格和交易过程明细、流程和收费方式等（COLLIER et al., 2006）。

响应性（Responsiveness）是指客户服务人员愿意提供帮助的态度，以及提供服务的及时性（PARASURAMAN et al., 1988）。这是与主观因素有关的一个服务质量衡量维度。相关文献表明，与客户服务人员的互动和沟通，即使在网络服务平台上也是必要的，而且客户服务的响应速度直接影响最终的客户满意度（YOO et al., 2001; LONG et al., 2004; PARASURAMAN et al., 2005）。不论是平面网站服务的文本对话模式，还是虚拟世界里消费者和客户服务人员虚拟形象之间的沟通，响应性这个维度都适用。

安全性（Assurance）是指客户服务人员的礼貌和知识，激发客户的信任和信心的能力（PARASURAMAN et al., 1988）。正如文献综述，比较网络环境中的服务过程，测量安全性维度时不考虑交付信誉和系统安全。用于安全性测量的题项，包括平面网站的竞争力、礼貌和沟通能力（LOIACONO et al., 2002; CAI et al., 2003; YANG et al., 2004；PARASURAMAN et al., 2005）。

移情性（Empathy）是指客户服务人员理解和关心客户以及向客户提供个性化服务的能力（PARASURAMAN et al., 1988）。在网络环境中，它也被称为个性化服务（SWAID et al., 2009），对平面网站和虚拟世界都适用。

在这五个测量维度中，有形性衡量的是基于感官基础的物理特征，如通过用户的视觉和听觉体验得到的信息；可靠性衡量包括通过客户的个人感官体验，和通过网上客户服务人员之间的沟通来转达两种方式；响应性、安全性和移情性是以人为本的主观情感作出的判断，是人为因素相关心理反应。

新量表参见表 4.1。

表 4.1 新量表及其出处

变　量	量表出处
Telepresence（临场感）	QIU et al., 2005; ANIMESH et al., 2011
Social Presence（社会存在感）	QIU et al., 2005; ANIMESH et al., 2011
Tangibles（有形性）	YOO et al., 2001; LIU et al., 2000
Reliability（可靠性 / 信息准确性）	JANDA et al., 2002; PARASURAMAN et al., 1988
Responsiveness（响应性）	PARASURAMAN et al., 1988
Assurance（安全性）	YANG et al., 2004 ; PARASURAMAN et al., 1988
Empathy（移情性 / 个性化）	PARASURAMAN et al., 1988
Overall Service Quality（整体服务质量）	CRONIN et al., 2000; ZEITHAML et al., 1996
User Satisfaction（用户满意度）	JANDA et al., 2002; OLIVER et al., 1989; BA et al., 2008

环境沉浸度和用户存在感的关系

根据环境沉浸度的定义（SLATER et al., 1995），平面网站和虚拟世界之间的沉浸度差异主要取决于虚拟环境场景显示技术的四个方面（BYSTROM et al., 1999; SLATER et al., 1995）：内在包容性、外延广泛性、周边环境、场景生动性。内在包容性是指用户排除来自现实世界的刺激的程度，外延广泛性是指系统中可被感知的感觉方式，周边环境是指全景显示的范围，场景生动性是指场景显示的仿真能力。在虚拟世界中，通过置身于虚拟网络的替身形象，用户感知到离置身环境更近。相对于平面网站，虚拟物品能够在虚拟世界中更清楚地被"看到"和"摸到"，而这种感官的置身其中是平面网站无法提供给用户的（BIOCCA et al., 1995）。用户的虚拟网络替身可以在虚拟世界里自由探索，从多个角度观察场景，有更全面和生动的视野。例如，在虚拟世界中，用户可以在虚拟游艇上多角度观察，获得更多的内在包容性。

存在感包含两个相互平行的子概念，即临场感（空间存在感或物理存在感）和社会存在感（HEETER, 1992；BIOCCA, 1997）。临场感被定义为用户感觉存在于一个虚拟环境，自动对空间因素和心理原因产生置身于虚拟环境的错觉感。社会存在感被定义为与另一个人同时存在于一个虚拟环境，包括对社会线索的原始反应、对他人思想的模拟、期望他人存在的意向（人、动物、客户代理、宗教形象等）。

由文献综述中提到的环境沉浸度和用户存在感之间的关系，以及临场感和社会存在感的分别，我们作出如下假设。

▶ **假设 1（a）**：虚拟世界中更高水平的沉浸度，导致其中的用户临场感比在平面网站上高。

▶ **假设 1（b）**：虚拟世界中更高水平的沉浸度，导致其中的用户社会存在感比在平面网站上高。

▌影响服务质量的临场感

临场感指的是用户对空间环境的感觉。在以计算机为媒介的虚拟网络环境中，用户的临场感越高，他 / 她越能感觉置身在这个环境中，对这个环境中的虚拟物品的感觉就越近。也就是说，对这个环境及其中展示的虚拟物体的认知距离更短。

认知距离（cognitive distance）是指通过在环境中的运动而不是从单一点的静止观察，对一个大环境的运动距离的心理表征（MONTELLO, 1991）。根据认知距离理论，用户在网络虚拟环境中的临场感，能使用户感受到更短的认知距离，更易于观察环境的三个有形线索（物品和环境的交互性、美观、生动性）。也就是说，用户感到更容易看到虚拟产品的视觉设计，更容易进行交互。

文献显示，环境的交互性（interactivity）和生动性（vividness）是用户产生临场感的两个决定性因素。在虚拟世界中，临场感意味着物理显示和与环境的相互作用模拟现实空间的丰富度，用户会发现虚拟商品展示栩栩如生，他们的虚拟形象亦容易在此环境中遨游。

此外，用户的临场感，在心理层面上有助于用户进入环境中的交互状态（NOVAK et al., 2000），使得用户能够与虚拟环境交互（包括背景景观、虚拟物品等），并对虚拟世界入迷。因此，提出如下假设。

▶ **假设 2**：用户的临场感对网络环境中客户服务的视觉美感和趣味性感知有着正面影响。

更短的认知距离，使得客户服务人员能够更清晰地诠释相关政策和服务条款，并生动地展示虚拟产品。此外，认知距离对信息外溢传播也有重要作用，尤其是当用户对环境和其中的物品都有更近的认知距离时。用户的临场感能增加用户对信息准确性的评价，而虚拟环境展示的产品和服务更清晰。因此，将客户服务的可靠性定义为信息准确性，并提出如下假设。

▶ **假设 3**：用户的临场感对网络环境中客户服务的可靠性（信息准确性）感知有着正面影响。

▌影响服务质量的社会存在感

社会存在感理论认为，传播媒介的社会影响力取决于用户通过其感知到的社会存在感。社会存在感是用户对其互动伙伴存在的感知，而社会存在感等同于沟通互动过程中对交流对象的认识程度（SALLNAS et al., 2000）。通过对沟通伙伴的感官认知，用户开始认识和思考其他人，包括他们的特点、品质和内心状态。就虚拟环境中的客户服务而言，用户的社会存在感使得他们能够感知客户服务人员的响应能力、礼貌程度、体贴程度等能描述个人沟通特征和评估服务质量的要素。具体而言，用户在环境中感觉越社会化，他 / 她和客户服务人员沟通就越自然、越有效率，那么客户服务人员就越有可能具体传达产品的详细信息和相关服务条款。因此，提出如下假设。

▶ **假设 4**：用户的社会存在感对网络环境中客户服务的可靠性（感知的信息准确性）有着正面影响。

媒体丰富度理论认为，在传播媒介里通过沟通能够传达的信息量，和该媒介的丰富度有关。这个理论假设沟通的主要目标是化解歧义和减少不确定性，媒介的丰富度越有限，基于该媒介的沟通越难管理信息的不确定性和模糊性。例如，很难确认像文本这样不太丰富的媒介表达出来的是严肃的还是讽刺的语气（NEWBERRY，2001）。可见，丰富的媒体使沟通更有效，越是在社会化的媒体中沟通，越能够化解歧义、传达准确信息。因此，我们提出如下假设。

▶ **假设 5**：用户的社会存在感对网络环境中客户服务的响应性感知有着正面的影响。

解释水平理论认为，更短的心理距离，正面影响沟通者之间的解释过程（TROPE et al., 2007）。此外，用户的社会存在感能增进网络沟通的互相信任（GEFEN et al., 2004）。社会化的环境可以促进客户服务人员的有效沟通，提供响应迅速和有竞争力的服务。同时，感觉与对方处于一个环境里，用户更容易在交流过程中感到客户服务人员的礼貌和友好。根据媒体丰富度理论和解释水平理论，虚拟世界中用户的社会存在感和其对服务质量的安全性感知相关。因此，提出如下假设。

▶ **假设 6**：用户的社会存在感对网络环境中客户服务的安全性感知有着正面影响。

在去个性化效应的社会认同模型中，通信技术突出个人或社会认同时能产生认知效应。此外，在虚拟仿真环境中实现的媒体的社会效应，反而突出了通信伙伴之间的个性化。在网络环境中提供客户服务，用户的社会存在感增强了客户服务人员向消费者提供个性化服务的能力。因此，提出如下假设。

▶ **假设 7**：用户的社会存在感对网络环境中移情性的感知有着正面影响。

▎整体服务质量和用户满意度

有大量文献研究了服务质量和用户满意度，高质量的客户服务能够提升用户满意度（PARASURAMAN et al., 1988）。因此，整体服务质量的每个测量维度对用户满意度有着显著的正面作用。

▶ **假设8（a）**：用户感知的客户服务有形性对网络环境中的客户服务满意度有着正面影响。

▶ **假设8（b）**：用户感知的客户服务可靠性（信息准确性）对网络环境中的客户服务满意度有着正面影响。

▶ **假设8（c）**：用户感知的客户服务响应性对网络环境中的客户服务满意度有着正面影响。

▶ **假设8（d）**：用户感知的客户服务安全性对网络环境中的客户服务满意度有着正面影响。

▶ **假设8（e）**：用户感知的客户服务移情性（提供个性化客户服务）对网络环境中的客户服务满意度有着正面影响。

4.1.2 研究方法

通过情景模拟实验法，设计不同平台不同场景的客户服务，请受试者体验并反馈其对服务质量的评估。在受试者体验过实验设计中的客户服务之后，现场由实验管理员进行问卷调查。然后，采用探索性和验证性因子分析，检验变量之间的信度和效度等相关测量特性指标。为检验概念模型的理论价值，鉴于研究目的是比较两种网络平台下的服务质量，主要采用多组结构方程模型，分别在平面网站和虚拟世界两种平台上验证该研究模型的假设和理论。

在虚拟世界 Second Life 中建立一个客户服务中心以展示产品，且一个客户服务人员在实验过程中保持在线，那么受试者就能见到客户服务人员的虚拟形象化身并预期对话了解更明确的产品信息和服务条款。为比较虚拟世界和平面网站的客户服务质量，建一个电商网站，以图片、文字和视频的形式提供产品信息，随时弹出在线客户服务窗口供用户咨询。

统计分析模型和数据来源

研究采用结构方程模型作为主要的数据分析方法，综合探讨多个相互关联的问题，同时测试外源性结构和内源性结构之间的因果关系（ANDERSON et al., 1988）。具体而言，应用多组分析（BOLLEN, 1989）测试测量模型和路径系数在平面网站和虚拟世界之间是否有所不同，应用 AMOS（ARBUCKLE, 2009）执行多组验证性因子分析和路径分析。

受试者包括 189 名大学生，他们先后体验了平面网站在线服务和虚拟世界客户服务中心，根据实验场景中的感知反馈了他们对问卷中每个测量项目的评价。总共收集了 378 份问卷。

将每项统计分析应用于两组（每组 189 条记录），包括结构一致性测试、验证性因子分析和结构方程建模。样本大小满足最少 100 名受试者的要求（MACCALLUM et al., 1999），每组的受试者与变量（STV）比达到 5:1，满足因子分析的条件。

应用主轴因子提取方法（COSTELLO et al., 2005），使用 Kaiser 标准化（CURETON et al., 1975）的 Promax 斜交旋转方法，提取五个因子，以获取在线环境中服务质量的五个测量维度。结果输出了五个初始特征值超过 1 的因子，KMO（Kaiser-Meyer-Olkin）和 Barlett 的测试显示模型是显著的，KMO 样本测度检验数据是 0.933，远高于 0.80 的阈值（KAISER, 1970）。

随后，对服务质量的五个维度以及研究模型中用于测量存在感和用户满意度的其他问卷项目进行探索性因子分析。使用相同的方法，删除不显著的载荷因子和那些在因子之间有多重载荷的因子，最终得到了量表。表 4.2 显示旋转模式矩阵中的因子载荷都在 0.60 以上（FABRIGAR et al., 1999），这表明了测量模型的显著性。

表 4.2　旋转模式矩阵中的因子载荷

项　目	因子（旋转在 6 次迭代中收敛）							
	安全性	用户满意度	有形性	社会存在感	响应性	信息准确性	临场感	个性化
TAN1			0.988					
TAN2			0.897					
TAN4			0.753					
TAN6			0.752					
REL1						0.911		
REL2						0.932		
REL3						0.762		
RSP1					0.796			
RSP2					0.965			
RSP3					0.886			
ASU1	0.930							
ASU2	0.925							
ASU5	0.862							
ASU6	0.830							
EMP1								0.793
EMP2								0.779
EMP3								0.817
TEL2							0.909	
TEL3							0.891	
TEL4							0.858	
SP2				0.945				
SP3				0.902				
SP4				0.873				
US1		0.920						
US2		0.860						
US4		0.963						
US6		0.806						

▎测量模型比较与验证

为了验证探索性因子分析中修订后的测量模型，将多组验证性因子分析应用于数据集。可以分组测试测量模型，并检查是否可以在各组之间共享相同的量表，各组之间是否满足等因子方差 / 协方差。采用最大似然法进行验证性因子分析，并输出各种拟合指数，如标准化卡方值、比较拟合指数（CFI）、标准化拟合指数（NFI）、优度拟合指数（GFI）、增量拟合指数（IFI）和根均方误差近似值（RMSEA）。在 AMOS 中，建立基线测量模型（各组之间没有任何约束）、度量模型（假设各组之间的因子载荷相等）、因子模型（如果度量模型正确，则假设各组之间的因子方差和协方差相等）和残差模型（假设各组之间的项目残差相等），通过最大似然法计算每个模型的整体拟合度和估计值。表 4.3 显示了四个测量模型的模型拟合指数。

表 4.3　多组因子验证性分析的模型拟合指数

模　型	卡方值 χ^2	自由度 DF	p 值	标准化卡方值 χ^2/DF	CFI	GFI	NFI	IFI	RMSEA
无约束模型	1193.831	592	0.000	2.017	0.923	0.822	0.860	0.924	0.052
度量模型	1214.851	611	0.000	1.988	0.923	0.819	0.858	0.924	0.051
残差模型	1415.177	647	0.000	2.187	0.902	0.797	0.834	0.903	0.056
因子模型	1728.804	674	0.000	2.565	0.865	0.764	0.797	0.866	0.065

根据模型拟合指数，无约束模型和度量模型都是可接受的测量模型。考虑到无约束模型是正确的，比较模型拟合来测试因子载荷的不变性，使用卡方差异测试（ANDERSON et al., 1988）来确定无约束模型和度量模型之间的差异显著性。

$$\Delta\chi^2 = \chi^2_{度量} - \chi^2_{无约束} = 1214.851 - 1193.831 = 21.02$$

$$\Delta DF = DF_{度量} - DF_{无约束} = 19$$

$\Delta\chi 2$ 和 ΔDF 对应的 p 值为 0.336，这意味着度量模型与基线模型的差异不显著。因此，采用度量不变模型，因为当因子载荷在各组之间被约束为相等时，测量模型的拟合度更好。

标准化卡方值 $\chi 2$/DF 为 1.988，小于推荐阈值 2（HATCHER，

1994），表明各组之间具有相等因子载荷的模型拟合良好。此外，度量不变测量模型的标准化因子载荷都高于 0.6（BAGOZZI et al.，1991），在 2D 和 3D 组中的显著性水平 p 值小于 0.001，说明它拟合得很好。

同样，使用卡方差异测试来比较因子模型与度量模型的模型拟合。这次比较的 p 值表明度量模型比因子不变假设拟合得更好，残差不变模型也是不可接受的。此外，分别测试每个因子的方差或协方差，进行模型的嵌套比较。使用 LaGrange 乘数对每个要比较的模型进行约束，发现除了测试临场感、社会存在感的方差和协方差，大多数测试都是显著的。这意味着这三个参数在各组之间没有差异，并且在 2D 和 3D 场景中是相等的。进行更多的嵌套比较，卡方差异测试的不显著性表明，将这三个约束添加到度量不变测量模型中比没有它们时拟合得更好。

测量模型的约束越严格，各组之间的测量模型差异就越小。测试度量模型比无约束模型更好，意味着在模型中测量因子时共享相同的度量。从因子模型到度量模型的卡方值差异显著说明即使采用相同的度量来测试因子模型，因子方差 / 协方差的平等也不能得到满足。但通过单独添加因子方差 / 协方差的约束，有两个因子在各组之间具有相等的方差和不变的协方差。因此，可以安全地将这些约束添加到度量模型中。残差不变模型与度量模型有显著的差异，甚至与基线模型有显著的差异，所以无论如何都需要在测量模型中释放残差约束。

必要的是，对每个组分别进行可靠性和效度分析，以验证度量不变测量模型。从度量不变模型中提取的每组测量，根据克隆巴赫系数测试所有结构的内部一致性，并计算组合信度（CR），进行可靠性评估（NUNNALLY，1978）。克隆巴赫系数和 CR 值都表明了结构可靠性合理。推荐的每个因子的 CR 值在 0.60 或以上

（BAGOZZI et al., 1988），两组结果都满足这些标准。

此外，根据验证性因子分析中与每个结构相关的指标的因子载荷检查平均方差提取量（AVE）。AVE 是一个常用的指数，用于在因子分析中展示测量模型的聚合效度。测量模型的 AVE（2D 场景为 0.65 ~ 0.80，3D 场景为 0.55 ~ 0.84）远高于阈值 0.5（FORNELL et al., 1981）。表 4.4 显示了从验证性因子分析中得到的 2D 组数据的所有测量项目的因子载荷，以及测量模型的每个结构的克隆巴赫系数 α、组合性度 CR 和平均方差提取量 AVE。表 4.5 显示了 3D 组的统计数据。

表 4.4　2D 组测量模型估计与信效度检验

因　子	项　目	估计值	组合信度	AVE	α
有形性	TAN6 TAN4 TAN2 TAN1	0.79 0.824 0.794 0.823	0.70	0.65	0.88
安全性	ASU6 ASU5 ASU2 ASU1	0.85 0.903 0.895 0.941	0.82	0.81	0.94
响应性	RSP3 RSP2 RSP1	0.872 0.897 0.819	0.77	0.75	0.90
移情性	EMP3 EMP2 EMP1	0.87 0.898 0.917	0.82	0.80	0.92
可靠性	REL3 REL2 REL1	0.804 0.91 0.912	0.79	0.77	0.91
用户满意度	US6 US4 US2 US1	0.842 0.847 0.887 0.864	0.77	0.74	0.90
临场感	TEL4 TEL3 TEL2	0.869 0.878 0.78	0.74	0.71	0.88
社会存在感	SP4 SP3 SP2	0.903 0.952 0.936	0.87	0.87	0.95

表 4.5　3D 组测量模型估计与信效度检验

因　子	项　目	估计值	组合信度	AVE	α
有形性	TAN6 TAN4 TAN2 TAN1	0.763 0.76 0.792 0.794	0.66	0.60	0.86
安全性	ASU6 ASU5 ASU2 ASU1	0.783 0.801 0.845 0.888	0.73	0.69	0.90
响应性	RSP3 RSP2 RSP1	0.859 0.944 0.797	0.78	0.75	0.89
移情性	EMP3 EMP2 EMP1	0.661 0.714 0.834	0.62	0.55	0.77
可靠性	REL3 REL2 REL1	0.85 0.915 0.815	0.77	0.74	0.89
用户满意度	US6 US4 US2 US1	0.841 0.832 0.865 0.858	0.75	0.72	0.80
临场感	TEL4 TEL3 TEL2	0.884 0.938 0.922	0.85	0.84	0.94
社会存在感	SP4 SP3 SP2	0.854 0.869 0.893	0.78	0.76	0.91

最后，比较每个结构的 AVE 平方根与结构之间的相关性，进行判别分析。为了展示测量模型的有效性，一个结构的 AVE 平方根应该大于与其他结构的任何相应的相关性（FORNELL et al., 1981）。我们的数据结果反映出了强烈的辨别效度。

结合模型比较结果和两组测量模型验证的统计显著性，使用在多组验证性因子分析中建立的度量不变模型，并约束临场感和社会存在感的方差以及它们在两组之间的协方差，用于多组结构模型分析。

4.1.3　数据分析

在软件 AMOS 中建立结构模型。结构方程建模采用最大似然估计量作为差异函数（CORTINA et al., 2001）。数据集满足最小样本量 150 的要求，以确保可靠的指示（DING et al., 1995）。

首先运行结构模型，无约束路径系数在各组之间是相等的。三个假设在任何一组中都没有得到支持。因此，删除社会存在感 → 响应性；社会存在感 → 移情性；移情性 → 用户满意度这三条路径。其次，移情性在结构模型中与任何因子都没有关系。然而，根据模型修改指数，移情性、响应性与安全性有强烈的因果关系。因此，添加这两条路径来测试它们在模型中对安全性的影响。同样，有迹象表明有形性与可靠性之间存在关系，所以又添加了一条路径（有形性 → 可靠性）。

对此，为每条路径约束系数不变性，与无约束的修订结构模型进行比较。应用与多组验证性因子分析相同的方法，比较卡方差异的显著性。然而，每一个单独的测试都得到了显著的 p 值，表明无约束模型比添加任何约束的模型都拟合得更好。这意味着每条路径的系数在各组之间是不同的。在两组修订后的模型中，并不是所有路径都得到了支持。图 4.2 和图 4.3 分别描绘了 2D 组和 3D 组的路径系数和显著性。

为了测试假设 1，比较临场感和社会存在感在各组之间的均值，因为在多组验证性因子分析中测试的临场感和社会存在感的方差在各组之间是相等的。成对样本等方差比较的结果显示，用户在虚拟世界中的临场感和社会存在感显著高于平面网站，显著性水平为 0.05。可见，假设 1（a）和假设 1（b）得到了支持。

$\chi^2 = 1255.637$，DF = 630，χ^2/DF = 1.993，表明结构模型的拟合度良好。其他指标如 CFI = 0.928 和 RMSEA = 0.051，也证明结构模型令人满意。

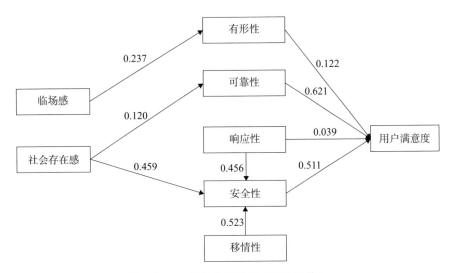

图 4.2 2D 组的分析结果（路径系数）

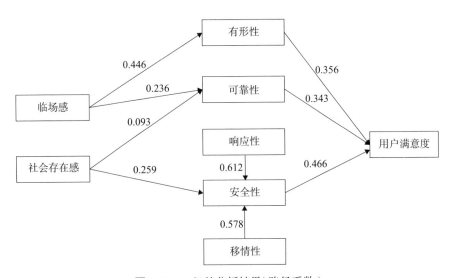

图 4.3 3D 组的分析结果（路径系数）

修订后的模型表明，移情性与 2D 或 3D 场景中的用户满意度没有直接关联。然而，在线环境中移情性与安全性之间存在因果关系，客户服务助理的个性化服务可促进用户与其他用户或客户服务助理建立在线信任（RAMNATH et al., 2005）。

响应性只与平面网站中的用户满意度相关。然而，响应性和移情性之间也存在因果关系。与移情性相似，客户服务助理对消费者的响应性对平面网站用户是有帮助的，而这种效果在虚拟世界中是通过客户服务助理的直接互动调节的。

在研究模型中，临场感描述的是用户对环境设计的感知，与社会存在感形成对比。临场感与信息准确性之间的因果关系只在3D 环境中显著，其中虚拟产品和环境的呈现为消费者提供了清晰概念。

分析结果未能找到支持假设 5 和假设 7 的证据，即社会存在感与响应性和移情性相关，原因可能是这两个维度与安全性密切相关。因此，在线环境中只有五个服务质量维度中的三个与用户的存在感相关。尽管假设 1 得到了支持，即虚拟世界中的用户比平面网站中的有更高的存在感，但这不能说明虚拟世界客户中心的整体服务质量显著高于平面网站。

除了测试研究模型，通过运行五个维度与问卷项目中的整体服务质量之间的因果关系来测试服务质量量表的有效性。模型拟合度良好（CFI = 0.936），这表明 SERVQUAL（PARASURAMAN et al., 1988）是研究在线环境中，特别是虚拟世界中服务质量量表发展的良好参照。此外，整体服务质量与用户满意度显著相关。

4.2　虚拟商品的真实度感知

在电子商务风靡的时代，基于网络的客户服务已逐步替代传统渠道，如购物中心中的客户服务助理（WELTEVREDEN, 2007）。然而，由于缺乏直接的沟通方式，在线服务对新产品的推广往往不够充分，特别是当消费者对产品不熟悉时。

虚拟世界展示了 VR 和远程通信的巨大潜力，克服了传统在线服务效率低的问题。在虚拟世界中，用户可以查看现实世界商品的虚拟样品，并通过计算机界面与客服化身进行"面对面"沟通。这里关注虚拟世界中新产品推广的有效性，旨在研究虚拟世界中新产品的展示如何影响用户的购买意愿。

根据媒体丰富度理论（DAFT et al., 1986），媒体格式越丰富，沟通越有效。与平面网站相比，虚拟世界提供了一个更丰富的媒体，用户可以生动地观看虚拟设置，并与其他人互动，就像他们正在"亲自"行动一样。

尽管虚拟世界具有吸引人的特点，但在其中推广新产品还存在一些质疑点。例如，商家可以根据现实世界的产品设计虚拟样品，并在虚拟世界中与其他用户即时互动。当潜在消费者在虚拟场景中获得良好体验，并获得关于新产品的足够信息时，他们可能想要购买现实世界中的产品。然而，与图片或录制的视频不同，3D 虚拟样品是由计算机工具设计的，用于说明产品信息。即使虚拟样品被设计成尽可能地复制现实世界的产品，消费者也会怀疑它们是否与现实世界的原型完全相同。此外，虚拟客户服务助理的表现密切影响消费者的购买行为决策。综上，虚拟世界中虚拟样品的真实度和虚拟客户服务的可信度是影响消费者对现实世界原型购买意愿的重要因素。

本文提出基于虚拟世界中消费者购买意愿的概念模型，研究虚拟样品的真实度和虚拟客户助理的可信度如何影响消费者在虚拟世界中的消费者行为，随后使用实验数据来测试理论模型。最后，讨论实证结果并为企业提供管理建议，以增强在线服务并增加消费者的购买意愿。

　　研究模型如图 4.4 所示，考察沉浸度在计算机环境中对用户的心理影响，评估研究消费者基于虚拟世界样品对现实世界原型的购买意愿。

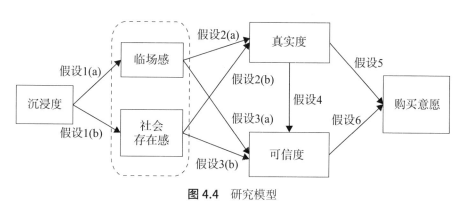

图 4.4　研究模型

4.2.1　理论基础与研究模型

▍沉浸度与存在感

　　在虚拟世界推广新产品的优势主要在于沉浸式空间的地理分布以及生动展示，其沉浸度是计算机环境中现实世界物理特征的丰富度。同时，用户在环境中的主观存在感也受显示技术产生的感官保真度的影响（BYSTROM et al., 1999）。

　　沉浸度和存在感是虚拟现实研究的两个核心概念。沉浸度越高，存在感就越高（SLATER et al., 1995；SLATER et al., 1996）。存在感取决于虚拟环境中物体的空间、听觉和触觉变幻与现实世界中物体的相似程度（BARFIELD et al., 1995；BARFIELD et al., 1997）。研究证明，在沉浸式环境中工作的人更有存在感，并且工作效率更高（HELDAL et al., 2005）。可见，虚拟世界中的沉浸度与用户的存在感正相关。

存在感由两个紧密相关的概念组成。

临场感（空间存在感或物理存在感）：一种"身临其境"的体验，是包括对空间线索的自动反应和对中介空间的心智反应的模型。该模型创造了一种地点幻觉，让用户感到他们真的处于那个环境中。

社会存在感（HEETER, 1992; BIOCCA, 1997）：在虚拟环境中与他人"在一起"的感觉，是包括对社交线索的原始反应、对"其他思维"的模拟以及自动生成的其他（人类、动物、代理、神等）意向的模型。

基于上述关于沉浸度和存在感之间的关系，假设虚拟世界中的沉浸度与存在感正相关，分别从临场感和社会存在感的角度提出以下假设。

▶ **假设 1（a）**：虚拟世界中的沉浸度对消费者的临场感有正面影响。

▶ **假设 1（b）**：虚拟世界中的沉浸度对消费者的社会存在感有正面影响。

▍真实度

关于消费者如何评估真实度的市场研究方法已有不少论述（GRAYSON et al., 2004；BEVERLAND et al., 2008）。文献显示，真实度应根据具体情况而论（BRUNER, 1994），因为真实度的定义因产品和利益相关者而异。虽然供应商被视为真实度的定义者（CHHABRA, 2005），但许多研究者强调消费者感知真实度的重要性。总体而言，真实度被视为一个社会构建的概念，一个共同创造的现象，存在于消费者的观念中（COHEN, 1988；ADAMS, 1996；PETERSON, 1997；HOLT, 2002）。

本研究的目的是探讨消费者对虚拟样品的真实度感知与他们对现实世界原型的购买意愿之间的关系。真实度不是有形的，而是消费者对价值和真实度的评估或判断（CHHABRA, 2005）。因此，以消费者视角的真实度定义，是判断虚拟样品是否真实代表现实世界原型，以及虚拟客户助理是否真实地代表他们自己，且不会误导消费者的实际购买行为。

临场感被描述为用户在空间环境中的感觉。在虚拟世界中，临场感越强，用户感觉自己越接近虚拟世界和虚拟样品。这意味着用户感觉与虚拟样品及其周围的虚拟环境之间的认知距离更近。更近的认知距离使虚拟客服化身能够更清晰地解释相关政策和服务条款，并生动地展示虚拟产品。有了临场感，用户能够集中精力完成当前的任务，并清晰地获得现实世界产品和服务的具体和完整信息，从而提高其决策质量（NOVAK et al., 2000）。

▶ **假设 2（a）**：消费者的临场感对虚拟世界服务真实度的感知有正面影响。

社会存在感理论认为通信媒介的社会影响取决于交流者感知到的社会存在感（SHORT et al., 1976）。具体而言，消费者在虚拟世界中的社会存在感越强烈，他们与虚拟客户助理之间的交流就越自然、高效，从而更有可能通过虚拟世界样品获取现实世界原型的详细信息。

此外，有研究指出社会存在感能够通过在线通信增加可信度（GEFEN et al., 2004）。

▶ **假设 3（a）**：消费者的社会存在感对虚拟世界服务的真实度感知有正面影响。

▌可信度

信任在关系交换中有提升商业价值和消费者忠诚度的作用（SIRDESHMUKH et al., 2002）。在电子商务背景下，线上信任被证明是导致消费者远程购买行为的重要因素（MCKNIGHT et al., 2002; GEFEN et al., 2004; JARVENPAA et al., 1999）。信任有三个维度（GIFFIN et al., 1967）：

- 能力；
- 高尚品格；
- 善意。

信任通常涉及被信任的供应商的能力、善意和诚信（BUTLER, 1991; MOORMAN et al., 1993; GEFEN et al., 2003; PAVLOU, 2003）。将人际信任定义为对他人的话、承诺、口头或书面声明的依赖（ROTTER, 1971）。在社会变革研究中，信任包含三个因素（BLAU, 1964）：

- 诚信；
- 善意；
- 能力。

使用可信度描述消费者在虚拟世界中对客户服务助理虚拟化身的信任，定义可信度为基于消费者感知的 3D 虚拟客户服务的能力、诚信和善意。

社会背景是可信度的一个重要特征，尤其是在潜在消费者的信任建立中。消费者与 3D 虚拟客服化身的互动是信任的前提，在相互关系中感知到高社会存在感有助于建立信任。对于虚拟世界，更高水平的临场感使信息沟通更加高效，从而展示了消费者对现实世界原型设计能力的感知。由此，消费者对虚拟世界样品供应商的可信度相应地增加。

▶ **假设 2（b）**：消费者的临场感对虚拟世界服务的可信度感知有正面影响。

▶ **假设 3（b）**：消费者的社会存在感对虚拟世界服务的可信度感知有正面影响。

真实度和可信度是建立信任过程的决定性因素。因此，假设消费者对真实度的感知也是他们对虚拟世界样品和服务的可信度感知的前因。

▶ **假设 4**：消费者对真实度的感知对虚拟世界样品和服务的可信度感知有正面影响。

▍购买意愿

购买意愿是消费者与线下或线上买家进行真实交易的意愿。我们研究消费者在体验基于原始设计的 3D 虚拟样品后，对现实世界中产品或服务的购买意愿。先前研究了真实度与购买意愿之间的关系（PERCY et al., 1992）。对于在线市场，可以通过互动来培养信任，从而提升消费者的购买意愿（Gefen et al., 2004）。因此，提出以下假设。

▶ **假设 5**：消费者对虚拟世界原型中真实度的感知，对他们在现实世界中的产品和服务购买意愿有正面影响。

▶ **假设 6**：消费者对虚拟世界原型中可信度的感知，对他们在现实世界中的产品和服务购买意愿有正面影响。

4.2.2　研究方法

为了验证研究假设，我们进行在线实验，总共测量六个变量。武汉大学和天津大学的本科生和志愿者参与了实验。他们都熟悉互联网，大多数都有在线购物经验。选择这类受试者不会影响研究结果的有效性。

实验选择 Second Life 作为建立 3D 虚拟客户中心的平台。Second Life 中的虚拟游轮作为实验场景，包括设备齐全的虚拟房间和娱乐设施。受试者可以进入游轮的房间并使用设施。在受试者视野内有一个虚拟客户服务助理，受试者通过 Second Life 中的本地聊天功能与其实时交流。受试者在实验中被告知，这个虚拟游轮的设计完全是根据现实世界的游轮旅行路线展示的，房间分布与真实游轮相同。

▌实验设计

受试者单独参与实验，先花几分钟熟悉功能并为服务任务做好准备。

在实验中，他们被分配完成一个任务，尽可能完整地了解游轮之旅的信息，包括游轮路线、提供的服务、房间分布和价格。基于这些信息，他们可以决定预订一个在现实世界中条件相当的理想游轮之旅。为了鼓励受试者在虚拟探索过程中与客户服务人员沟通，某些信息并未详细列出，如详细的服务政策或价格水平。

在完成 Second Life 体验后，受试者要填写一份关于体验的调查问卷。

▌量表开发

研究模型的变量包括沉浸度、临场感、社会存在感、真实度、可信度和购买意愿。

沉浸度通过两个子维度来测量，即交互性和生动性，形成沉浸度的量表（MCMILLAN et al., 2002; MARKS, 1973）。

临场感是作为参与者对虚拟环境沉浸度的感知来测量的（STEUER, 1992）。社会存在感则通过受试者对计算机介质环境的人情味、社交性、敏感性和温暖度的感知来测量（SHORT et al., 1976）。

真实度可以从真实、真诚和可信度来衡量（NAPOLI et al., 2014）。

现实世界商品原型的可信度是用现有可信度量表（SERVA et al., 2005）测量的，涵盖了消费者对供应商在诚信、善意和能力方面的可信度评价。

购买意愿的测量遵循消费者购买现实世界中的物品和服务的意愿和意向（PAVLOU et al., 2004）。

4.2.3　数据分析

采用结构方程模型（SEM），同时测试外生结构和内生结构之间的因果关系。受试者为 156 名大学生，年龄在 18 ~ 30 岁。其中75 名为男性，81 名为女性；90 名为本科生，66 名为研究生；32 名有过应用 Second Life 这类虚拟世界的经验。受试者根据设计的程序依次体验虚拟世界服务中心，并根据实验场景中的感知对问卷中的每个测量项目进行反馈评价。我们应用 Welch 的 t 检验来分别比较按人口统计信息（年龄、性别、教育程度和参与虚拟世界的经验）分组的变量的均值，发现这些因素没有显著影响。检查数据的正态性时，在 Q-Q 图中没有观察到任何变量的异质性。

▌ 通过探索性因子分析进行因子提取

对问卷数据应用结构一致性测试、验证性因子分析和结构方程模型进行统计分析。样本大小满足了最少 100 位受试者的要求（MACCALLUM et al., 1999），受试者与变量的比率达到 5∶1——满足因子分析的样本大小的规则（BRYANT et al., 1995）。

应用主轴因子提取方法（COSTELLO et al., 2005），使用 Kaiser标准化的 Promax 斜交旋转方法（CURETON et al., 1975），对研究模型中每个变量的问卷题项进行探索性因子分析。KMO 和 Bartlett的测试显示模型是显著的, 数据的 KMO 抽样充分性测量值为 0.933,

远高于阈值 0.80（KAISER, 1970）。测试模型的内部一致性，发现克隆巴赫系数（CRONBACH, 1951）可以接受，并在实验中得到了清晰的因子载荷，见表 4.6。旋转模式矩阵中的因子载荷都在 0.60 以上（FABRIGAR et al., 1999），这表明了测量模型的显著性。

表 4.6 旋转模式矩阵中的因子载荷

项　目	可信度	沉浸度	社会存在感	购买意愿	真实度	临场感
IMM1		0.988				
IMM2		0.897				
IMM3		0.753				
IMM4		0.752				
TEL1						0.712
TEL2						0.909
TEL3						0.891
TEL4						0.858
SP1			0.809			
SP2			0.945			
SP3			0.902			
SP4			0.873			
SP5			0.796			
TRU1	0.920					
TRU2	0.860					
TRU3	0.963					
TRU4	0.806					
AUT1					0.911	
AUT2					0.932	
AUT3					0.762	
PI1				0.796		
PI2				0.965		
PI3				0.886		

▎测量模型的可靠性和有效性

为了验证修订后的测量模型，对数据集的另一半应用验证性因子分析，评估测量模型的整体拟合度。采用最大似然法进行验证性因子分析，并输出各种拟合指数，如标准化卡方值、比较拟合指数（CFI）、标准化拟合指数（NFI）、优度拟合指数（GFI）、增量拟合指数（IFI）和近似均方根误差（RMSEA）。卡方值为 1035，自由度为 521，标准化卡方值为 1.987，p 值小于 0.001，表明了测量模型的显著性。所有标准化因子载荷都高于 0.5，在 $p < 0.001$ 的显著性水平上报告了修订后的测量模型拟合良好，验证性因子分析的其他拟合指数也在数据集样本大小的可接受范围内：CFI = 0.910，NFI = 0.836，GFI = 0.769，IFI = 0.911，RMSEA = 0.72。

进行可靠性和有效性分析，以验证测量模型。根据克隆巴赫系数测试测量模型中提取的所有变量的内部一致性，并计算组合信度（CR）。克隆巴赫系数和 CR 值表明结构可靠性合理。

根据验证性因子分析中与每个变量的测量题项的因子载荷，检查平均方差提取量（AVE）。AVE 常用于在因子分析中展示测量模型的收敛效度，各变量的 AVE 范围为 0.51 ~ 0.80，远高于 0.5 的阈值。

最后，比较每个变量的 AVE 平方根与变量之间的相关性，进行辨别分析。一个变量的 AVE 平方根应该高于与其他变量的相关性，以验证测量模型的有效性。数据结果反映了显著的辨别效度。

表 4.7 是验证性因子分析的测量题项的因子载荷，以及测量模型的变量的克隆巴赫系数 α、组合信度 CR 和平均方差提取量 AVE。

表 4.7　来自验证性因子分析的测量题项的因子载荷

结　构	项　目	载　荷	α	CR	AVE
沉浸度	IMM4 IMM3 IMM2 IMM1	0.763 0.76 0.792 0.794	0.72	0.60	0.86
真实度	AUT3 AUT2 AUT1	0.661 0.714 0.834	0.73	0.65	0.77

结　构	项　目	载　荷	α	CR	AVE
购买意愿	PI3 PI2 PI1	0.85 0.915 0.815	0.77	0.74	0.89
可信度	TRU4 TRU3 TRU2 TRU1	0.758 0.715 0.821 0.877	0.91	0.70	0.65
临场感	TEL4 TEL3 TEL2 TEL1	0.871 0.924 0.812 0.671	0.899	0.72	0.68
社会存在感	SP5 SP4 SP3 SP2 SP1	0.736 0.83 0.884 0.851 0.778	0.91	0.71	0.67

▍研究模型的路径分析

证明修订后的测量模型的可靠性和有效性后，使用验证性因子分析用的数据集来测试结构模型。

在 SEM 中，最大似然估计仍然被用作差异函数。数据集满足了 150 的最小样本量，可以确保模型显著性。

结构方程模型分析结果中，九个假设中的八个得到了验证。如预期，在线环境中，用户的社会存在感对他们的真实度感知有正面影响 [假设 3（a），路径系数 0.202]，对 Second Life 中服务助理的可信度有正面影响 [假设 3（b），路径系数 0.286]；用户的临场感对 Second Life 中服务助理的可信度有正面影响 [假设 2（b），路径系数 0.328]；用户对真实度的感知也导致了他们对虚拟样品的信任，对现实世界原型（假设 4，路径系数 0.189）的购买意愿；用户对真实度和可信度的感知，都对他们对现实世界对象的购买意愿产生了正面影响（假设 5，路径系数 0.209；假设 6，路径系数 0.192），

都在 $p < 0.0001$ 的显著性水平。

模型的整体适应性显示了可接受的指标，卡方值为 1046，自由度为 525，标准化卡方值为 1.993，表明结构模型的拟合良好。CFI = 0.905，NFI = 0.830，IFI = 0.910，GFI = 0.771，RMSEA = 0.074，也表明结构模型令人满意。

由于假设 2（a）在模型路径分析中没有得到支持，删除该路径并测试修订后的研究模型。再次进行路径分析，修订后的模型得到了支持，尽管改善不是非常显著（CFI = 0.909，NFI = 0.834）。在修订后的模型中，真实度成为社会存在感和可信度之间的中介。图 4.5 显示了修订后的研究模型。

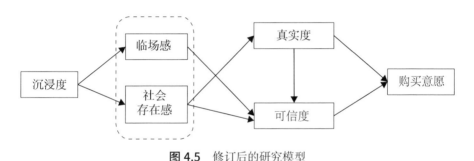

图 4.5　修订后的研究模型

▌结果讨论

本研究探讨了虚拟世界作为线上服务新平台的潜在用途，如新产品推广和知识信息传播。研究结果显示，高沉浸度的虚拟世界为用户带来了强烈的临场感和社会存在感。同时，临场感正面影响用户对虚拟样品的在线信任，用户的社会存在感正面影响他们对真实度和在线信任的感知，从而增进了他们购买现实世界原型的意向。在概念模型中，真实度还充当了社交存在感与在线信任之间正向关系的中介。

修订后的研究模型显示，临场感与虚拟世界中虚拟样品的真实度感知之间没有显著关联。我们后来采访了一些受访者，并从实际关注中部分理解了这个结果：不同于拍摄的图片或视频，3D虚拟样品是根据现实世界原型设计的。因此，受试者会怀疑3D样品是否能够完全按照其真实存在的方式设计，以及设计师是否在3D虚拟环境中夸大了真实存在。受试者对3D虚拟样品的真实度表示怀疑，因此在修订后的模型中没有看到这个结构的显著性。

然而，真实度感知受到了社会存在感的正面影响。这是因为3D虚拟环境确实提高了客户服务助理和受试者之间的沟通效率。因此，真实度实际上是虚拟世界中社会存在感与虚拟样品的可信度感知之间正相关的中介，这一点已经得到了其他研究者证实（OU et al., 2014）。

进一步，进行实验和调查时，我们向每位受试者提出了以下定性问题。

Q1. 您是否愿意使用虚拟世界作为您的在线服务或推广平台？

Q2. 您认为虚拟世界可以作为传统平面网站的替代品或补充平台，用于在线服务、推广甚至交易吗？

Q3. 您认为将来虚拟世界能否取代基于平面网站的传统在线服务？

总的来说，82%的受试者表示愿意使用虚拟世界作为在线服务的替代平台，其他人由于各种原因（如不熟悉3D计算机界面）而不愿使用新平台。然而，所有受访者都认为，作为提供在线服务的平台，虚拟世界为他们带来了良好的体验，相信它可以作为平面网站的补充在线平台；没有人认为虚拟世界会在近期内取代平面网站。据此，我们可以确定虚拟世界是一个提供服务、推广产品、传播信息等的潜在平台。

4.2.4　结　论

我们的研究模型强调了环境特征对在线用户存在感的影响，着眼于用户对虚拟世界中虚拟样品和客户服务的真实度和可信度的感知。实验数据分析结果从理论上支持这样的论点：在虚拟世界中进行新产品推广可以增强用户的存在感，并最终增进用户的购买意愿。

SEM 结果表明，虚拟世界的用户获得了很好的体验，使用 3D 平台进行新产品推广和在线服务可以增进用户通过体验虚拟样品在沉浸式虚拟环境中购买真实物品的意愿。具体来说，企业可以关注虚拟产品和环境设计，并提升服务人员的沟通技巧，以满足潜在客户。

最近，我们发现在开放式的虚拟世界如 Second Life 中，IBM 和 Dell 等知名公司建立了虚拟站点。他们偶尔组织一次虚拟活动来推广新产品，但还没有系统地将虚拟站点用作客户服务中心。这可能是由于虚拟世界目前的受欢迎程度不足，大多数用户习惯于在虚拟世界中探索和游戏，而不是认真地做出购买决策。通常，潜在消费者接受一个新消费平台需要很长的时间。我们通过数据分析实验性地测试了虚拟世界中的用户在线信任，并指出了增进用户购买意愿的方法。然而，从消费者的角度看，虚拟样品和环境设计的真实度、交易安全性、探索虚拟世界所需的计算机应用技能，可能是他们采纳新平台之前的关注点。这就是为什么用户对虚拟世界的体验感到兴奋，但在短时间内不愿意接受它作为现实生活的首选平台，更不用说用虚拟世界取代传统平面网站了。

数据分析表明，虚拟世界中提供在线服务的优势主要体现在两个方面：

- 虚拟对象以其现实世界对应物的生动形象呈现；
- 由于沉浸式环境增进社会存在感而产生的与人相关的因素。

虚拟环境能够被精心设计得与现实世界环境如出一辙，具备基于位置的详细特征和分布。对于某些特定领域，3D 虚拟产品和设计的呈现对于用户获取具体信息具有独特价值。例如，旅行社可以创建邮轮的虚拟形象作为现实世界的镜像，让用户清晰地了解邮轮上房间和娱乐区域的分布情况。如此一来，用户就能自信地依据自己的支付意愿来选择心仪的房间类型。对于房地产经纪人，如果他们在虚拟世界中设计的虚拟房产与真实房产完全一致，那么潜在的买家很可能会希望在购买房子之前方便地参观。

根据媒体丰富度理论，虚拟世界的沟通效率显著提高，效果宛如头像之间的面对面互动。例如，当福特公司推出新型汽车时，服务人员可以在虚拟世界中创建汽车的虚拟模型，并让周围的访客直观体验新车的特性。鉴于虚拟世界的沟通效率，在线平台已经成了在线教室和咨询中心的角色。

4.3 数字内容的版权归属

中共中央、国务院印发了《数字中国建设整体布局规划》，强调加快建立数据产权制度，夯实数字中国建设基础；要大力发展网络文化，加强网络内容供给，引导广大网民创作健康的网络文化作品，进一步打造自信繁荣的数字文化。

元宇宙 UGC 以数据为基础，而区块链技术可以为 UGC 确权，激发用户的活力，实现数字内容的经济价值。研究表明，用户对其创作内容的心理所有权是促进 UGC 繁荣的重要因素（PIRKKALAINEN et al., 2018）。然而，对于网络创作，用户普遍缺乏对数字内容的心理所有权（PECK et al., 2009），因为一旦在网络上发布，用户在一定程度上就失去了对内容的控制（SAVELYEV, 2018）。这种心理所有权的缺失可能导致 UGC 的质量和数量下降

（THOM-SANTELLI et al., 2009）。

基于区块链的社交网络平台带来了数字时代社交模式的变革（GUIDI, 2020），这也是当前元宇宙发展的一个重要方面。一些基于区块链的社交平台已开始提供 UGC 确权功能。内容、创作时间、创作者等信息都会被上传至区块链存证，并输出可信的确权证书，以保护用户创作的内容（SAVELYEV, 2018）。

区块链数字确权可以为 UGC 提供所有权证明（可见性），并用于所有权保护（可用性），增强用户的控制感。数字确权功能明确了社交媒体平台上 UGC 的作者，并为产出内容的用户提供可信、可见和可用的所有权凭证（SAVELYEV, 2018），让用户感觉可以控制和拥有其创作的数字内容及其价值，从而提升其心理所有权，进一步激发其创作意愿。本研究基于心理所有权理论，探讨区块链数字确权对用户创作动机和行为的影响机制及边界。

研究假设数字确权可以增加用户对其预期创作内容的心理所有权。而心理所有权的增强将提升用户的创作意愿。同时，由于数字确权功能源自区块链技术，这里还假设区块链定义不同的数字内容编辑规则会影响数字确权对用户心理所有权的影响——用户生成内容后不能行使编辑权时会感到不满，这与心理所有权的存在相冲突。此外，对于高度关注隐私的用户，当他们感觉其个人生成内容在网络中低调存在时会更感安全（BOYD, 2008）。然而，数字确权功能强调个人所有权，可能会唤起高关注隐私度用户的风险感知，让用户感到不安。这会阻碍心理所有权的形成（MAMONOV, BENBUNAN-FICH, 2017），进而减弱数字确权功能对用户创作意愿的影响。

近年来，基于区块链技术的数字内容确权得到了广泛应用，特别是在数字艺术领域。区块链记录数字作品的创作时间和作者信息，消除了所有权争议。在数字内容领域，区块链技术主要通过"优势证据原则"和"著作权自作品创作完成之时起就产生的原则"实现数字内容确权，即用户只需将原创作品上传至区块链存证，即可证明作者在这一时刻具有了著作权。在区块链上，每笔交易都被记录在不可篡改的分布式账本上，无法被篡改或删除。

有了区块链确权功能，用户在网络上创作内容后，可以将相关信息上传至区块链存证，生成可信任的区块链确权证书。具体来说，区块链存储系统会将用户创作的内容和相关信息记录下来，包括作品名称、作品格式和作者等，转化为数字信息，并以不可篡改的方式存储在区块链上。这些信息带有时间戳（用于记录和验证数据发生时间）和数字签名（用于身份验证），不会直接被删除，而是通过添加新的数据块来修改原有信息，从而形成可信的记录。可见，区块链对于解决 UGC 的所有权争议非常有用，可以为数据资产的所有权提供可信且有效的证明。

4.3.1　相关理论和研究假设

▎心理所有权

所有权包括实际所有权（actual ownership）和心理所有权（psychological ownership）。实际所有权是法律赋予的实权，通常通过购买、继承、赠予、捐赠等方式获得，实际所有权人可以自由支配、使用和处置物品。而心理所有权是个体内心对占有权的一种主观感受和认知，即感觉某物是属于"我的"或者"我们的"（PIERCE et al., 2001），并且愿意负责保护和维护它。

一个人可以拥有心理所有权，但没有实际所有权。即使没有实际所有权，个体也可以通过与组织建立情感联系来获得心理所有权（PIERCE et al., 2011）。实际所有权与心理所有权对个体的影响也有所不同。研究发现，只有在个体对物品产生心理所有权时，实际所有权才会导致禀赋效应,使得他们对该物品的价值评价提高(REB et al., 2007)。以往研究中证实了禀赋效应受多种因素的影响,包括禀赋、意象、所有权历史和交易经验等。这些因素都与个体对目标物的心理所有权相关。也就是说,禀赋效应不仅仅取决于实际所有权,还受心理所有权的影响。换个角度,即使个体拥有实际所有权,也有可能缺乏心理所有权,而心理所有权相对于实际所有权更能对个体的动机和行为产生积极影响。

在社交网络中,心理所有权对用户的内容创作和分享有着促进作用。在知识分享情境中,个体对知识的所有权感知表现为个体明确感觉知识属于自己的私有化概念(VAN et al., 2004)。虽然这种心理所有权也有可能导致个体产生领地感,促使个体隐匿和保护知识,导致知识隐藏行为(VAN et al., 2004)。在网络社区中,知识的心理所有权感知在用户之间的思想交流中扮演着至关重要的角色,促进了有效的沟通(PIRKKALAINEN et al., 2018)。适当的领土感可以促进创作过程,而缺乏心理所有权会导致贡献质量下降或社区参与减少(THOM-SANTELLI et al., 2009)。此外,心理所有权会激发用户的自我效能感(KUMAR, 2019),从而促进用户更自信地表达自己,对自己的创作更负责任(LEE et al., 2015)。

▌隐私关注

随着互联网的普及,人们对隐私和数据保护的担忧不断加深。隐私是指个人或群体控制自己信息的权利和能力(SMITH et al., 2011)。在当今隐私数据经济性与价值性不断提升的环境中,用户对其隐私数据的掌控能力逐渐减弱。

早期学者将隐私关注定义为人们对其信息隐私是否得到公平对待的主观看法(SMITH et al., 2011)。隐私关注是指为防止信息泄露,消费者对潜在侵犯隐私权的担忧(BAEK et al., 2012)。在网络环境中,隐私关注经常用到的概念是信息隐私关注(information privacy concerns)。个体的信息隐私权利可以定义为确保对个人信息管理的控制,个体对信息做出处理的权利(MALHOTRA et al., 2004)。

隐私关注通过某种心理活动对用户后续的行为产生影响,如信息披露。信息披露是指用户愿意在社交网络上向特定对象展示自己生活状态和生活经历的过程。有研究发现,大量用户会考虑个人信息的安全性,拒绝提供所有私人信息。用户越关注其隐私,越不愿意展示自己的生活状态(XU et al., 2011)。研究发现,具有较高隐私关注的用户,会因担心隐私泄露而减少披露个人数据,甚至会直接放弃继续使用社交网络(LEE et al., 2014)。

总的来说,随着社交网络的发展和用户隐私泄露事件的频发,用户的隐私关注程度也越来越高,这会对用户的社交网络行为产生影响。因此,关注区块链确权对用户的影响时,也要考虑不同隐私敏感程度的用户对确权功能的不同态度。

▌研究假设

作为社交平台生态的一部分,用户既是消费者,也是内容创作者。UGC不仅能为其他用户提供有价值的信息和帮助,还可以增强社交平台的凝聚力,这对于社交网络平台的生存和成功至关重要(LEE et al., 2014)。但用户生成内容是一种无形的数字资产,其所有权状态往往不明确。

区块链数字确权能够明确UGC的"出处",为谁拥有、谁曾经拥有、谁创建以及哪个是原创版本等问题,提供了无可争辩的答案。基于区块链数字确权技术,用户保持其创作内容的控制权和所有权。据此,提出假设1。

▶ **假设1**:UGC数字确权会增进用户的创作意愿。

用户普遍对其创作的数字内容缺乏明确的心理所有权（PECK et al., 2009），可能是因为数字内容存储在网络服务器中，导致平台在事实上占据了 UGC 所有权，甚至有权从中获益（KIM et al., 2018），以至于用户可能不清楚自己是否拥有 UGC 的所有权（ZHAO et al., 2016）。另一方面，用户担心在网络上公开创作的内容容易受到侵犯。这种心理所有权的不明确可能会导致 UGC 质量和数量的下降（THOM-SANTELLI et al., 2009）。

应用 UGC 数字确权技术可以促进用户心理所有权的形成。UGC 数字确权可以为创作内容的用户提供有社会信服力的、获得共识的凭证，证明社交媒体平台上 UGC 的归属，在解决作者身份和著作权优先权方面非常方便和有用。当用户感到能够控制和管理其 UGC 时，他们更有可能产生心理所有权感。在应用了区块链数字确权的平台上，用户可以创建不可篡改的记录，证明他们拥有 UGC 所有权。

有研究表明，对所发布内容的心理所有权是激励用户参与内容分享的重要因素（PIRKKALAINEN et al., 2018）。在网络社区中，对分享内容的心理所有权会促进用户之间的思想交流（PIRKKALAINEN et al., 2018）。此外，心理所有权可以激发用户的责任感，激励用户主动投入更多时间和精力对其作品做出贡献、创新等积极行为（ZHAO et al., 2016）。因此，提出假设 2。

▶ **假设 2**：UGC 心理所有权在 UGC 数字确权对用户创作意愿的影响中起中介作用。应用 UGC 数字确权后，用户具有更高的 UGC 心理所有权，创作意愿更高。

基于区块链技术的去中心化系统理论上不可编辑（SAVELYEV, 2018），这是提供可信任的确权功能的基础。然而，为了在保证数据可信任的同时实现对错误的记录和数据的修复，埃森哲公司提出了可编辑区块链的概念。

在应用区块链技术的社交网络中，目前存在两种编辑方案：一种是限时编辑，一种是不可编辑。"限时编辑"允许用户在一定的时限内编辑作品，如 Steemit 平台，用户上传的内容暂存在中心化系统上，可在时限内自由编辑和修改；一旦超过时限，用户的内容将与其他数据一起上传至区块链进行信息确权，之后就不可修改了。"不可编辑"不允许用户进行作品编辑（即使可以编辑也会留下原始记录），用户创作内容会实时上传至区块链，即时确权（如 SocialX）。

用户在互联网上展示自己，虽然有时是自愿的，但并非总是经过了深思熟虑，以致他们在发布不成熟的内容后感到后悔。从个人角度来看，用户可能因自我展现的动机而在社交网络上发布个人创作内容。然而，一段时间后，他们可能会认为之前发布的内容不恰当，希望进行修改或删除。如果被剥夺了修改的权利和自由，他们可能会产生心理抗拒。而"限时编辑"可以在很大程度上减轻这种心理抗拒。据此，提出假设 3。

▶ **假设 3**：内容可编辑性调节了 UGC 数字确权对用户心理所有权的影响。具体而言，在限时编辑的情况下，UGC 数字确权对用户心理所有权有正面影响；在不可编辑的情况下，这种影响会减弱。

社交网络中用户对隐私的关注程度可能会因情境因素而异（ZAROUALI et al., 2017），这直接影响到他们的行为（XU et al., 2011）。在网络上发布个人信息会使用户受到公众监督，并可能会创建永久记录，这对用户的行为意愿有负面影响（ROSENBLUM, 2007）。因此，高度关注隐私的用户对互联网自我披露非常敏感，并且可能会提供不准确甚至虚假的信息。同时，他们可能会因为担心隐私泄露而拒绝在社交网络上创作（XU et al., 2011），还可能会倾向停止使用该服务以保护自己的隐私（MAMONOV et al., 2017）。然而，低隐私关注度的用户可能会为了享受便利的服务而选择自我披露（TAN et al., 2012）。

区块链数字确权明确指向数字信息的归属权。然而，UGC 数字确权将所发布的内容与用户紧密关联，增加了所有权的可见性，强调了 UGC 为个人所有。对于高隐私关注度的用户，这很可能会引起他们的警觉和反感，进而唤醒他们的风险感知。

基于上述发现，用户在面对 UGC 数字确权时，可能会采取不同的隐私保护策略。高度关注隐私的用户可能会采取较为保守的态度，UGC 数字确权对用户心理所有权的影响可能会被削弱。相比之下，隐私关注程度较低的用户可能不会产生强烈的危机感或反感。在此，提出假设 4。

▶ **假设** 4：隐私关注程度调节了 UGC 数字确权对用户心理所有权的影响。具体来说，对于低隐私关注度的用户，UGC 数字确权对用户心理所有权具有积极的促进作用；然而，对于高隐私关注度的用户，这种积极影响可能会减弱。

4.3.2　实验设计和数据分析

▌实验 1（a）：UGC 数字确权对用户创作意愿的影响

本实验通过 Credamo 平台发布一项现金奖励任务，成功招募了 104 名受试者，其中 6 名未通过注意力测试，最终样本为 98 人；女性占比 69.4%，21 ~ 30 岁占比 43.9%。实验采用单因素组间设计，分为 UGC 数字确权应用组（实验组）和未应用组（对照组）。

实验模拟了用户在知识问答社交 APP 答题的情境。所有受试者被告知他们将参与一项关于使用体验的测试项目，被随机分配到 UGC 数字确权应用组（实验组）和未应用组（对照组）。

实验组首先阅读了关于区块链确权技术的介绍。用户在区块链社交网络平台创作后，区块链存储系统会将用户创作的名称、内容、作者、时间戳（用于记录和验证创作时间）等信息记录下来。这些信息会被重复存储在多台计算机上，多份记录相互验证，确保信息记录是绝对真实的，由此为用户创作提供可信任的、有效的创作证明。对照组则阅读了一段与本研究无关的文字。

实验组被要求想象："你正在使用一个名为悟空问答的知识问答 APP，该 APP 运用区块链技术来对你的回答进行确权。发布回答后，你将会看到一个提示'您的创作已经被记录到区块链中，点击查看您的作者认证证书'。这意味着你已经成功完成作者认证，证明你是该回答的拥有者。平台上的用户都可以查询该证明，以便进行版权追溯。"

对照组被要求想象："你正在使用一个名为悟空问答的知识问答 APP，在悟空问答 APP 上你可以回答问题、分享想法和观念。当你发布回答后，你将会看到一个提示'您的创作已经成功发布，点击查看您的回答'。这意味着你已经成功在悟空问答中上传了你的回答，你的回答也会在 APP 上展示。"

随后对操纵结果进行检验，受试者需回答"我认为该 APP 可以为用户创作的内容提供权属证明，证明作者身份"的符合程度（1 代表非常不同意，7 代表非常同意）。量表改编自对区块链数字确权功能的定义"用户可以使用基于区块链的服务来证明作品作者身份"（SWAN, 2015）。接着告知受试者悟空问答发布了一个问答帖，询问受试者的创作意愿，量表改编自"我想在该 APP 中分享我的观点，我会在该 APP 中不断分享我的观点，我认为在该 APP 中分享我的观点是愚蠢的"（1 代表非常不同意，7 代表非常同意，$\alpha = 0.765$）（LEE et.al., 2014）。

操纵性检验：结果显示操纵有效，$M_{应用} = 6.22$，$SD_{应用} = 0.848$; $M_{未应用} = 4.49$，$SD_{未应用} = 1.529$; $t = -6.944$，$p < 0.001$。

主效应分析：实验 1 的单因素方差分析结果显示，UGC 数字确权应用与否对用户的创作意愿有显著影响（$F_{(1, 96)} = 19.722$，$p < 0.001$），应用组（$M_{应用} = 5.98$，$SD_{应用} = 0.86$）比未应用组（$M_{未应用} = 5.19$，$SD_{未应用} = 0.92$；$t = -4.44$，$p < 0.001$）的创作意愿更高（图 4.6）。假设 1 成立。

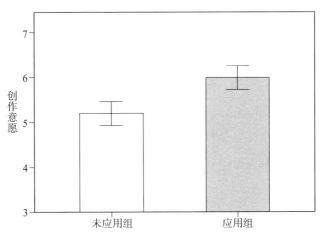

图 4.6　UGC 数字确权对创作意愿的影响

实验 1（b）：UGC 数字确权对创作行为的影响

本实验旨在探究 UGC 数字确权应用对用户实际创作行为的影响，以增加研究的说服力。在知识问答平台上，用户的回答字数和回答时间常常被视为衡量其创作意愿的重要指标。因此，本研究将回答字数和回答时间作为因变量，进一步考察 UGC 数字确权对用户实际内容发布行为的影响。

为此，本实验通过 Credamo 平台发布了一个现金奖励任务，成功招募了 80 名受试者。经过注意力测试筛选，共有 75 名有效样本参与实验（女性占比 57.3%，21 ~ 30 岁占比 53.3%）。实验采用单因素组间设计，分为 UGC 数字确权应用组（实验组）和未应用组（对照组）。

实验继续选择虚拟知识问答平台"悟空知道"作为实验刺激物。

在操纵性检验之后，告知受试者悟空问答发布了一个问答帖"如果让你向别人推荐一本书，你会推荐哪一本？"欢迎用户自愿回答该问题。然后收集用户的答案、回答时间等数据。

操纵性检验： 结果显示操纵有效，$M_{应用} = 6.05$，$SD_{应用} = 0.714$；$M_{未应用} = 4.94$，$SD_{未应用} = 1.056$；$t = -5.346$，$p < 0.001$。

主效应分析： 结果显示 UGC 数字确权应用与否对用户的回答字数和回答时间有显著影响（$F_{字数 (1, 73)} = 6.115$，$p < 0.05$；$F_{时间 (1, 73)} = 9.228$，$p < 0.05$），如图 4.7 所示。相比于未应用组，应用组的回答字数显著更多（$M_{应用} = 22.05$，$SD_{应用} = 11.624$；$M_{未应用} = 15.09$，$SD_{未应用} = 11.763$；$t = -2.473$，$p < 0.001$），回答时间也显著更长（$M_{应用} = 33.93$，$SD_{应用} = 17.28$；$M_{未应用} = 23.09$，$SD_{未应用} = 12.96$；$t = -3.038$，$p < 0.001$）。

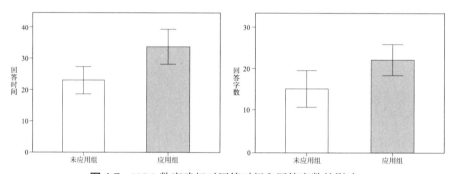

图 4.7 UGC 数字确权对回答时间和回答字数的影响

实验 2：心理所有权的中介作用

采用图文社区的实验材料，在新的样本群体中开展研究，并检验 UGC 心理所有权的中介效应，以拓展研究结果的外部效度。

本实验通过 Credamo 平台招募了 130 名受试者，其中 11 名未通过注意力测试，有效样本 119 个（女性占比 56.3%，21 ~ 30 岁占比 40.3%）。实验采用单因素（应用组 / 未应用组）的组间设计。

实验模拟了 APP 广告方案测试情境。所有受试者被告知他们将参与一个 APP 广告项目，目的是帮助改进广告方案，以更好地展现产品。受试者被随机分配到应用组（实验组）和未应用组（对照组）。

首先，实验组阅读了关于区块链确权技术的介绍（与实验 1 相同），对照组则阅读了与本研究无关的一段文字。随后，实验组阅读了广告材料：“飞行心情是一个图文生活分享社区，应用了区块链确权技术，能实现对创作者权益的有效保护。在这里你可以发现同好，分享兴趣爱好；加入圈子，参与互动交流；参与活动，赢取活动奖励。”对照组阅读了广告材料“飞行心情是一个图文生活分享社区。在这里你可以发现同好，分享兴趣爱好；加入圈子，参与互动交流；参与活动，赢取活动奖励。”

接下来，向受试者展示 APP 广告页面：向实验组展示社区内容帖和内容确权证书，而向对照组仅展示社区内容帖。最后，受试者在阅读完材料之后，回答操纵性检验、心理所有权、创作意愿以及人口统计学问题。

心理所有权的测量借鉴了量表“在该 APP 中我感觉对我发的作品有很高的个人所有权，在该 APP 中我觉得我拥有我发的作品，在该 APP 中我发的作品是我的”（1 代表非常不同意，7 代表非常同意，$\alpha = 0.79$）（PECK et al., 2009）。关于创作意愿的部分稍作调整，“我想在该 APP 中分享我的生活，我会在该 APP 中不断分享我的生活，我认为在该 APP 分享我的生活是愚蠢的”（1 代表非常不同意，7 代表非常同意，$\alpha = 0.71$）。

操纵性检验：结果显示操纵有效，$M_{应用} = 6.21$，$SD_{应用} = 0.871$；$M_{未应用} = 4.82$，$SD_{未应用} = 1.364$；$t = -6.537$，$p < 0.001$。

主效应分析：结果显示，应用 UGC 数字确权对用户创作意愿的影响显著（$F_{(1, 117)} = 14.28$，$p < 0.001$），应用组（$M_{应用} = 6.05$，$SD_{应用} = 0.69$）的创作意愿明显高于未应用组（$M_{未应用} = 5.51$，$SD_{未应用} = 0.88$；$t = -3.779$，

$p < 0.001$），如图 4.7 所示。这一结果与实验 1 相同。

中介作用分析： 对用户感知的 UGC 心理所有权进行单因素方差分析。结果显示，应用 UGC 数字确权对 UGC 心理所有权感知的影响显著（$F_{(1, 117)} = 26.92$，$p < 0.001$），应用 UGC 数字确权（$M_{应用} = 5.86$，$SD = 0.74$；$t = -5.11$，$p < 0.001$）的用户心理所有权感知比未应用（$M_{未应用} = 4.98$，$SD = 1.07$）时更强烈。

为进一步分析用户感知的 UGC 心理所有权的中介作用，实验采用的 Bootstrapping 方法对中介效应进行分析（HAYES, 2013）。结果显示，应用UGC数字确权显著影响用户的心理所有权（$b = 0.87$，$se = 0.17$，$t = 5.18$，$p < 0.001$），如图 4.8 所示。中介效应检验结果表明，在 95% 置信区间下，区块链确权技术对用户创作意愿的间接效应为 0.26（LLCI = 0.0780，ULUI = 0.1245，不包含 0），表明间接效应显著。直接效应系数为 0.28（LLCI = -0.0155，ULUI = 0.5798，包含 0），表明直接效应不显著。可见，心理所有权在区块链确权技术与用户创作意愿的关系中起完全中介作用。

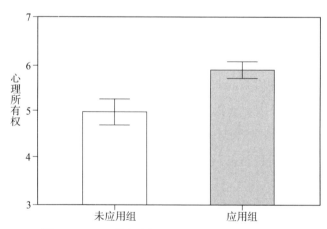

图 4.8 UGC 数字确权对用户心理所有权的影响

▍实验 3：可编辑性的调节作用

实验探究可编辑性如何影响 UGC 数字确权应用与否对用户创作意愿的作用。基于相关文献，在不可编辑的情况下，用户可能会感觉自由被侵犯，从而产生心理抗拒。这种抗拒感会降低 UGC 数字确权对心理所有权的影响，削弱 UGC 数字确权对用户创作意愿的作用。本实验将情境设定为影评类社交媒体平台，因为影评是观众的即刻主观感受，用户观点随时间变化。

本实验通过一个现金奖励任务从 Credamo 平台招募了 220 名受试者，其中 21 名没有通过注意力测试，有效样本 199 个；女性占比 67.83%，21 ~ 30 岁占比 45.2%。实验采用 2（UGC 数字确权：应用 / 未应用）×2（可编辑性：限时编辑 / 不可编辑）的组间设计。

实验模拟了用户参与影评 APP 社区活动的情境。受试者被随机分配到应用组和未应用组。应用组先看一段有关区块链确权技术的介绍（与实验 1 相同），然后被告知本 APP 应用了该技术。未应用组会看到一段与本研究无关的文字。

接着向受试者介绍本 APP 正在举办一个经典电影的影评征集活动："想与电影爱好者分享你的经典电影观影体验吗？参加我们的经典电影影评征集活动吧！分享你最喜欢的电影，并解释为什么这部电影在你心中如此特别。我们将选出最佳影评，赶快来参加我们的活动吧！"

随后利用活动页面操纵可编辑性。限时编辑组的活动页面将展示"发布后 7 天内可以编辑"，编辑时限设置参考区块链社交平台 Steemit；不可编辑组将展示"发布后不可以编辑"。应用 UGC 数字确权的操纵性检验与之前相同，可编辑性的操纵性检验改编自对网络创作"用户变更权"的定义"我在创作后可以对作品进行编辑"（1 代表非常不同意；7 代表非常同意）（王旭，2022）。之后，询问用户心理所有权题项（"在该 APP 中我感觉对我发的作品有很高的个人所有权"等三个问项；$\alpha = 0.82$）、创作意愿题项（"我想在该 APP 中分享我的对电影的想法"等三个问项；$\alpha = 0.88$）。最后，受试者回答了人口统计学问题。

操纵性检验：先对 UGC 数字确权应用与否进行了操纵检验（$M_{应用} = 6.25$，$SD_{应用} = 0.763$；$M_{未应用} = 4.88$，$SD_{未应用} = 1.449$；$t = -8.486$，$p < 0.001$），然后对可编辑性操纵有效性进行检验，结果显示操纵有效（$M_{限时编辑} = 6.35$，$SD_{限时编辑} = 0.80$；$M_{不可编辑} = 1.92$，$SD_{不可编辑} = 1.34$；$t = -28.89$，$p < 0.001$）。

主效应分析：对创作意愿进行单因素方差分析，结果显示，UGC 数字确权对用户创作意愿的主效应显著（$F_{(1, 197)} = 15.70$，$p < 0.001$），应用组（$M_{应用} = 5.81$，$SD_{应用} = 1.01$）的创作意愿明显高于未应用组（$M_{未应用} = 5.15$，$SD_{未应用} = 1.34$；$t = -3.96$，$p < 0.001$）。

交互作用分析：以用户创作意愿为因变量，进行 2（UGC 数字确权：应用 / 未应用）×2（可编辑性：可限时编辑 / 不可编辑）的方差分析，结果表明 UGC 数字确权是否应用与可编辑性的交互作用显著影响用户的创作意愿（$F_{(1, 195)} = 7.63$，$p < 0.001$）。简单效应分析结果如图 4.9 所示，只有限时编辑的情况下，UGC 数字确权会显著影响用户的创作意愿（$M_{应用} = 6.08$，$SD = 0.451$；$M_{未应用} = 5.20$，$SD = 0.366$；$F_{(1, 195)} = 6.55$，$p < 0.05$）；不可编辑的情况下，影响不显著（$M_{应用} = 5.50$，$SD = 0.266$；$M_{未应用} = 5.08$，$SD = 0.284$，$F_{(1,195)} = 0.37$，$p = 0.609$）。

有调节的中介作用分析：根据 Bootstrap 方法（PREACHER et al., 2004），在 SPSS 中使用 PROCESS 插件进行检验。选择 UGC 数字确权（0 代表未应用，1 代表应用）为自变量、可编辑性（0 代表不可编辑，1 代表限时编辑）为调节变量，心理所有权为中介变量，用户创作意愿为因变量。结果显示 UGC 数字确权应用与否与可编辑性之间的交互作用显著（$F_{(1,195)} = 4.50$，$p < 0.05$）。并

且限时编辑时心理所有权在 UGC 数字确权应用与用户创作意愿之间的关系（$b=0.49$，LLCI $=0.2239$，ULUI $=0.8568$，不包含 0）中起中介作用，不可编辑时 UGC 数字确权通过心理所有权对用户创作意愿的影响不显著（$b=0.19$，LLCI $=-0.2841$，ULUI $=0.7177$，包含 0），如图 4.9 所示。假设 3 成立。

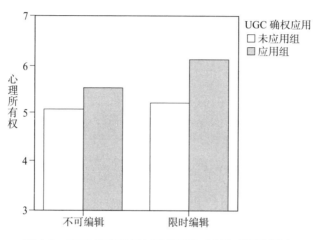

图 4.9 UGC 数字确权与可编辑性对创作意愿的影响

实验 4：隐私关注的调节作用

本实验探究 UGC 数字确权影响用户创作意愿的边界效应，再一次检验中介作用。相关文献表明，用户的隐私关注程度会影响用户的心理和行为。UGC 数字确权功能强调了披露信息的存在感和个人归属，这会唤醒高隐私关注度用户的风险感知，让用户产生危机感（MAMONOV et al., 2017），对社交网络时持保守性态度。这会削弱 UGC 数字确权对用户心理所有权的影响，进而影响用户创作意愿。对于低隐私关注度用户，影响不大。

研究情景设定为旅游类社交媒体平台。

实验通过奖励任务从 Credamo 平台招募了 160 名受试者，其中 9 名没有通过注意力测试，有效样本 151 个；女性占比 49.3%，21 ~ 30 岁占比 43.1%。实验采用单因素（UGC 数字确权：应用 / 未应用）的组间设计。

所有受试者都被告知他们将参与一个新款 APP 推广项目，并填写了改编的隐私关注量表题项："当社交 APP 向我索要个人信息时，我会感到烦躁；我担心社交软件收集了太多关于我的信息；我担心未经授权的人可能会访问我的信息；我担心社交 APP 可能会以不准确的方式保存我的信息；我担心向社交 APP 提交信息。"（1 代表非常不同意；7 代表非常同意；$\alpha = 0.96$）（XU 2013）

随后，受试者被随机分配到应用组和未应用组。应用组阅读了一段有关区块链确权技术的文字（与实验 1 类似），并被展示 APP 推广文案："飞行心情是一个旅行分享社区，通过区块链确权技术，能实现对创作者权益的有效保护。在我们的 APP 中，您不仅可以结交志同道合的旅友，还可以分享您的旅行游记、美食体验和独特见闻，为其他旅行者提供有价值的参考。加入我们，让您的旅行经历不再是孤单的旅程，而是一次充满欢乐与分享的社交体验！快来下载我们的 APP，与全球旅行者一起分享您的故事吧。"

未应用组阅读了与本研究无关的一段文字（与实验 2 相同），随后被展示 APP 推广文案："飞行心情是一个旅行分享社区，在我们的 APP 中，您不仅可以结交志同道合的旅友，还可以分享您的旅行游记、美食体验和独特见闻，为其他旅行者提供有价值的参考。加入我们，让您的旅行经历不再是孤单的旅程，而是一次充满欢乐与分享的社交体验！快来下载我们的 APP，与全球旅行者一起分享您的故事吧。"

紧接着向受试者展示 APP 广告页面，向应用组展示社区内容帖和内容的确权证书，向未应用组仅展示社区内容帖。最后，受试者在阅读完材料后，回答了创作意愿（"我想在该 app 中分享我的旅行故事"等 3 个；$\alpha = 0.76$）与心理所有权题项（"在该 App 中我感觉对我发的作品有很高的个人所有权"等 3 个；$\alpha = 0.89$），以及人口统计学问题。

操纵性检验：结果显示操纵有效，$M_{应用} = 5.78$，$SD_{应用} = 1.162$；$M_{未应用} = 4.73$，$SD_{未应用} = 1.483$；$t = -4.815$，$p < 0.001$。

主效应分析：对创作意愿进行了单因素方差分析，结果显示 UGC 数字确权对用户创作意愿的主效应显著（$F_{(1, 149)} = 5.53$，$p < 0.05$），应用组（$M_{应用} = 5.86$，$SD_{应用} = 1.05$）的创作意愿明显高于未应用组（$M_{未应用} = 5.44$，$SD_{未应用} = 1.16$；$t = -2.35$，$p < 0.05$）。

有调节的中介作用分析：为了分析隐私关注的调节作用，在 SPSS 中使用 PROCESS 插件进行调节效应检验。选择 UGC 数字确权（应用 / 未应用）为自变量，受试者的隐私关注程度为调节变量，心理所有权为中介变量，用户创作意愿为因变量。结果显示 UGC 数字确权应用与否与隐私关注之间的交互作用显著（$F_{(1, 147)} = 4.60$，$p < 0.05$）。为了进一步探究交互效应，根据 Johnson-Neyman 检验分析隐私关注度在什么水平下 UGC 数字确权对用户创作意愿有显著的影响。结果显示，当隐私关注程度大于 4.734 时，UGC 数字确权应用与否对用户创作意愿没有影响，隐私关注度小于 4.734 时才有影响。

在交互效应显著的条件下，根据检验结果对隐私关注进行高低分群。具体来看，当隐私关注处于低水平（即隐私关注度低于 4.734）下，应用 UGC 数字确权时用户的创作意愿（$M_{应用} = 6.36$，$SD = 0.59$）高于未应用时（$M_{未应用} = 5.52$，$SD_{未应用} = 1.09$，$F_{(1, 60)} = 11.75$，$p < 0.001$）；当隐私关注处于高水平（即隐私关注程度高于 4.734）下，应用 UGC 数字确权时用户的创作意愿（$M_{应用} = 5.63$，$SD_{未应用} = 1.14$）与未应用时没有明显差异（$M_{未应用} = 5.35$，$SD_{未应用} = 1.23$，$F_{(1, 87)} = 1.24$，$p = 0.267$），如图 4.10 所示。

考虑到隐私关注度为连续变量，本实验将隐私关注度按照均值加减 1 个标准差分为高水平和低水平，进一步探究高低水平隐私关注度对用户心理所有权的影响。结果显示，当隐私关注度处于低水平（$M=3.02$）时，心理所有权在 UGC 数字确权与用户创作意愿之间的关系（$b=0.37$，LLCI $=0.1639$，ULUI $=0.6607$，不包含 0）中起中介作用；当隐私关注度处于高水平（$M=6.51$）时，UGC 数字确权通过心理所有权作用于用户创作意愿的影响不显著（$b=-0.02$，LLCI $=-0.3271$，ULUI $=0.2724$，包含 0）。假设 4 成立。

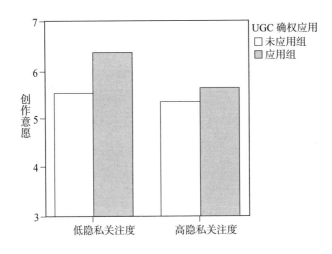

图 4.10 UGC 数字确权与隐私关注度对创作意愿的影响

第 5 章

数字科技创新：
虚拟世界蜕变为元宇宙的基石

元宇宙不是独立的虚拟世界，而是多个虚拟世界以及现实世界连接起来组成的全新价值生态。从 VR、AR，到区块链、人工智能、物联网和数字孪生，这些技术的融合造就了元宇宙虚实相融的 3D 互联网界面。它不仅具有扩展现实技术提供的沉浸式体验，还能够生成现实世界的数字镜像。

区块链技术支撑起了元宇宙的经济社会形态和价值流通模式。基于 Web 3.0 经济理念的虚拟世界，融合分布式存储系统、哈希算法、非对称加密等多种区块链技术，勾勒了一个"用户拥有数字产权"的网络价值分配的新图景。而作为现实世界的平行映射与扩展衍生，元宇宙不仅代表了数字经济的高科技形态，还呈现了数字经济与实体经济融合的发展前景。

人工智能技术为元宇宙提供了强大的计算能力和智能化支持。通过机器学习、深度学习等前沿算法，元宇宙还可以实现基于用户行为数据的自我学习和自我优化，提供更加智能化、个性化的服务。此外，人工智能技术还可以为元宇宙中的虚拟角色和物体赋予智能，使其能够与用户进行自然、流畅的互动，让虚拟人拥有智能，让人类能够从繁琐、危险、低价值的劳作中解放出来。

扩展现实技术（包括 VR 和 AR）赋予了元宇宙生命力和活力，

使得用户能够沉浸在真实感强烈的虚拟世界中。VR 技术提供了虚拟环境，AR 技术则将虚拟元素叠加到现实世界中，让用户在生活和工作中能够将现实世界和数字世界有选择地叠加、融合，以获得更高效和便利的体验。如此一来，叙事交互、时空穿越不再是想象，而是触手可及的现实。

数字孪生技术通过数字模型来复制、模拟和分析现实世界的对象或系统。在元宇宙中，数字孪生技术为每一个现实世界的元素创建数字副本，重现数字化的现实世界。这些数字副本不仅完美地模拟现实世界的行为和性能，还可以与现实世界互动，让元宇宙不局限于现实世界的映射，也能进行现实世界探索行动的预演。

当然，从虚拟世界进化到元宇宙，涉及的数字科技和信息技术还有很多。物联网技术使得各种设备和传感器能够互联互通，为元宇宙中的物体与现实世界的物体建立了桥梁。5G 通信技术为元宇宙提供了高速、低延迟的网络通信基础，确保了虚拟世界中的体验流畅。边缘计算减少数据传输的延迟，提高了元宇宙中的实时交互性。尽管量子计算目前还处于研发阶段，但它有望为元宇宙提供前所未有的算力。生物识别技术如面部和语音识别，为元宇宙用户提供了更加个性化和安全的体验。分布式云存储和云计算为元宇宙提供了弹性、可扩展的数据计算和存储。可穿戴设备如 VR 头盔、AR 眼镜、触觉手套等，逼真传达人类视觉、听觉、触觉，是用户在元宇宙中漫游时必不可少的工具。这些数字科技的软硬件创新及应用是虚拟世界向元宇宙蜕变的坚实基础。

5.1　区块链技术：元宇宙的生产关系重塑

区块链是一种分布式账本技术，允许多个计算机节点共同维护一个不可篡改的交易记录链。每个交易记录被称为"区块"，并通过密码学方法连接在一起形成"链"，信息在没有中介的前提下验证和传输。

区块链的数据透明性和不可篡改性，为人际信任、人机信任和组织间信任提供了坚实基础。这些特性在元宇宙中体现为虚拟身份认证、虚拟资产确权和跨平台价值流通。具体而言，区块链技术确保了元宇宙中的个体或组织能够完全控制自己的数字身份、资产和数据，而不依赖任何第三方，从而获得真正的数字所有权。这种透明的价值确权机制确保了价值贡献者能够公正地获得回报。

5.1.1　区块链技术的内涵

区块链技术受到人们的广泛关注，始于 2008 年中本聪在万圣节公开发布比特币白皮书。比特币使用点对点网络中众多节点构成的分布式数据库来确认和记录所有交易，每笔交易完成后，系统会向整个网络进行广播。每笔交易记录都包含该笔资金的前一个持有者、当前持有者和下一个持有者，实现了对资金交易的全程追溯。在传统银行网络中，一旦系统崩溃，所有数据都会面临安全风险。而在比特币的区块链网络中，所有交易记录保存在全球不计其数的计算机上，只要有一台仍在运行，主区块链数据就可被完整读取。这种分布式存储方式，使得比特币区块链交易记录被遗失或篡改的概率微乎其微。

从比特币来看，区块链是一种结合了分布式数据库、点对点传输、共识机制、加密算法、智能合约等计算机技术的新型网络应用框架。它解决了传统互联网中一些问题，形成了可信任的数据记录、存储和价值派生系统。这种以信息和数据的可追溯性和不可篡改性为典型特征的网络，是价值互联网的基础。

▎区块链核心技术

数据存储

区块链数据分布式存储在不同的节点上，通常依赖分布式文件系统或分布式数据库技术。数据存储层的任务是定义数据区块的逻辑组织方式，实现分布式账本的有效存储。

数据区块由区块头和区块体组成，其中区块头包含区块信息和用于验证区块交易的总哈希默克尔树根，而区块体包含详细的交易信息和相应的默克尔树。区块以链式结构相互连接，构成了长串的区块链。所有信息都保存在区块中，并通过链相互连接，数据几乎无法篡改。

网络通信

区块链应用运行在去中心化的分布式网络中，通常采用点对点（P2P）对等网络，通过直接交换来共享计算机资源和服务。在P2P网络中，多台计算机以对等的方式相互连接，不依赖专用的中央服务器。区块链使用不同于传统网络的协议、信息传播方式和数据验证机制，以确保每个节点（参与者）能够参与交易验证和数据区块创建。不同区块链平台可能采用不同的网络协议，如公有链、私有链和联盟链，每种类型的平台都有自己的网络协议。以比特币为例，矿工生成有效区块后，需要其他矿工确认其有效性，并将其连接到当前主链的末端。对于短时间内发生两个节点同时生成区块的分叉情况，协议规定，计算节点应选择连接到工作量证明（PoW）最大的分支上，形成更长的主链。一旦新区块得到确认，其他所有节点都将接受该区块，并将其添加到各自区块链的末端。

数据安全与隐私保护

区块链不依赖中心化机构来确保网络的可信度，而是依靠技术手段来维护安全性。相关技术包括数字加密、数字签名、身份认证、授权验证、隐私保护、数据追溯和网络攻击防护等。在区块链网络中，安全与隐私保护算法和技术主要有时间戳、哈希函数、非对称加密算法、零知识证明、密钥管理系统等。

每个区块都包含时间戳信息，这不仅可以防止重复支付，还提供了信息和交易数据追溯的基础。哈希函数的特点是能够将输入数据映射为唯一的哈希值，而逆向计算解密哈希值的输入数据的计算量巨大，且没有办法找到两个相同输入通过哈希计算得到同一个哈希值。因此，目前还没有攻击方法能有效破解区块链平台使用的 SHA-256 哈希函数。非对称加密算法确保了公钥和私钥的双重安全，同时也用于数字签名以确认信息来源。零知识证明允许证明者在不向验证者提供有用信息的情况下，使验证者相信某个断言是正确的。这一技术不仅提供了安全性，还实现了一定程度的隐私保护。此外，物理网络安全也是确保区块链系统正常运行的关键。管理资产归属权的密钥通常由数字钱包程序管理，通过多重签名技术保证资产安全性。因此，数字钱包管理安全是重中之重。

共识机制

共识层的实质是去中心化应用（decentralized application, DAPP）。为确保交易的有效性，区块链主要通过参与者对账本中交易的一致确认来验证。因此，不同的应用场景所需的共识机制不同，如工作量证明（PoW）、权益证明（PoS）、权益授权证明（DPoS）、实用拜占庭容错（PBFT）等。各种共识机制都有其局限性，如比特币的 PoW 机制存在高耗能、低性能的缺点，而 PoS 有安全性相对低的隐患，DPoS 则结合了 PoW 和 PoS 的特点。

区块链的特征

（1）数据不可篡改。区块链的加密算法和沟通机制确保了链上数据几乎不可更改，也就确保了区块链数据的存储安全。要改变区块链里的信息，必须攻击网络里 51% 的节点，难度极大。

（2）网络容量大。分布式网络结构允许多台计算机协同工作。只要有充分多的节点接入区块链网络，服务性能必定会超过中心化网络，同时整个区块链也会更加稳定。

（3）信息传递更加透明、高效、安全。去中心化使得信息传播、交易成本降低，多节点确认保证了公开透明。区块链协议通过地址来确认区块信息的传播，而不是依赖个人身份，这体现了用户的匿名性，同时保护了节点用户的隐私。

（4）链上信息可溯源。要求每个区块拥有前一个区块的哈希值，确保整个链的完整性。信息的可追溯性使得数据查询更加方便，因为每个区块都有唯一的标识，在哪个区块中查找信息是由时间节点定义的。这一特性提高了信息造假成本，从技术上保证了数据真实可靠。

（5）创造数字化价值交换媒介。去中心化对等安全支付成就了比特币这一数字化等价交换物，它是世界上第一种由个体劳动（挖矿）创造货币价值的加密数字货币。区块链技术不仅在支付系统中实现了安全而有效的平等网络，同时也成就了区块链网络内通证价值的创造和流通机制。

▌区块链思维

区块链去中心化的网络结构及其数据安全、容量增强、安全有效的特点，为金融服务行业带来了创新机遇，这种公开透明、公正对等的网络技术也在各行各业中得到了广泛应用。

区块链思维在去中心化组织的运营和治理方面具有重要意义。在实际商业运作中，抛开技术层面，理想的项目也可以演变成自治运行的社区或生态系统。组织间的协议沟通也可以采用共识机制来实现，从而建立高度信任的关系。

结合区块链共识机制，信息溯源确保了区块链网络中的价值溯源。为了审计各节点的贡献，信息溯源是必要的。价值和贡献溯源的终极目的是合理分配，这是区块链技术解决当前网络技术的商业应用问题和瓶颈的逻辑。

5.1.2　智能合约的概念和功能

▍以太坊和智能合约

以太坊是 Vitalik Buterin 于 2013 年提出的项目，于 2015 年 7 月 30 日正式上线。它引入了智能合约的概念，该合约是自动执行的计算机程序，满足特定条件时自动执行。

智能合约是一种以计算机系统传播、验证或执行合约的计算机协议。它不仅定义了合约的规则，还自动执行这些规则。智能合约实现了可信的、可追踪的、不可逆转的交易，为元宇宙提供了更安全、透明和自动化的合约执行方式。

以太坊是领先的智能合约平台，允许开发者编写和部署复杂的智能合约。它是一个开放的、去中心化的区块链平台，将区块链应用从分布式账本扩展到了全功能的分布式计算平台。

它克服了比特币交易时间成本高的问题，允许用户创建不可停止的智能合约，将应用程序和加密货币系统集成在一起，提供多个匿名交易者可信赖的服务系统。虽然以太坊提供了更大的灵活性，但安全性方面相对于比特币还有改进的空间。

▍智能合约和信任机器

与传统合同不同，智能合约的条款和执行都是通过代码实现的，一旦合约被触发，相关的操作将会自动、透明且不可逆地执行。

智能合约实际上是基于"如果条件 A 满足则 B 自动发生"逻

辑的计算机程序，可以在以太坊公链上公开和执行。得益于区块链技术的加持，智能合约参与者可以确信合约执行是 100% 中立和无偏见的。不论签署合约时的条款如何，合约都将在未来执行，不存在欺诈、操纵或未经授权篡改的风险。

以太坊网络是分布式的，这确保了智能合约可以在公平、透明的环境中执行。没有任何节点可以更改合约的条款和结果，否则将与网络中的其他计算机节点产生冲突。这些特点消除了智能合约需要第三方信任的问题，将程序本身变成了不会发生信任危机的数学机器，在合同执行时双方或多方就建立了免信任的网络联系。

智能合约在区块链上运行，这保证了安全性和不可篡改性。由于数据存储在各个节点上，因此智能合约的执行结果是公开和透明的。这种透明度增加了各方参与者的信任，因为每个操作都可以进行验证，不能被单一参与者操纵或更改。

▌智能合约提升组织间沟通效率

智能合约在企业界越来越受欢迎，因为一旦某个行为发生，智能合约就会自动执行免信任交易。智能合约依赖强大的数学逻辑，实现了过程自动化，无须第三方担保。此外，合约提供了不可篡改的透明记录。

在智能合约生态系统中，合约各方无须向第三方或传统中心化服务机构支付费用，因为所有合约执行内容都被存储在区块链上，无法未经授权地更改。这种机制不仅降低了信任成本，还使得组织之间的交易和沟通变得更加透明、公平和高效，从而大幅度降低了总体交易成本。这成功实现了信息的可追溯传递、智能合约的自动执行，以及信任链的建立，创造了增量价值。

5.1.3　跨链技术及数字通证是跨平台价值流通的技术保障

IBM 在 20 世纪 80 年代中期推广过一种局域网协议——"令牌环网"（token ring network）。环网上的每个节点轮流传递一个令牌（token），这个令牌其实就是一种权利或者权益证明。

随着以太坊和智能合约的出现，token 的定义变得更加广泛，可以是各种权益证明，如数字货币。token 也称为"通证"，

▌通证与区块链

作为一切数字资产或权益证明的通证，应当具备以下三个要素。

一是数字权益证明。通证必须是数字形式的权益凭证，代表某种权利、身份或功能，具备固有和内在的价值。从货币到票据，从钥匙、门票到积分、卡券，从股票到债券，任何形式的人类权益证明都可以表示为数字权益证明。

二是加密性。通证的真实性、防篡改性以及隐私保护能力通过密码学来保障，比传统的法律、权威和安全措施更可靠。

三是可流通性。通证必须能够在一个网络中自由流通，可以用于交易或与其他通证兑换。

通证与区块链技术相互结合，可以实现更完善的激励机制，促进区块链应用的发展。通证在区块链的六层协议中扮演着重要角色，特别是在激励层，利用通证可以实现经济奖惩，激励参与者遵守规则。这种奖惩机制使得区块链系统更加公平和安全。

区块链技术赋予了通证高流通性、可分割性和匿名性等特性，使其成为数字资产的理想载体。在区块链上发行和流转的通证，基因里就带着密码学的烙印，是密码学意义上安全可信的数字权益凭证。

通证化和通证经济

无论是公司权益、积分、合同、证书、权限、资质，还是服务，现实世界中任何可以衡量的价值都可以通证化，在区块链上自由流通，在市场上自由交易。这意味着，任何组织都可以通过发行通证，向支持者、参与者和用户提供权益或资产证明，激励各方为平台贡献力量，通过通证来为平台服务定价，同时为平台内部的交易协作提供价值媒介。通证持有人可以积极参与平台的建设、治理，分享平台成长带来的收益。

通证化加速了资产的流通，增加了资产的衍生价值，形成了通证经济。企业通过发行代表其产品和服务价值的通证，使得用户能够方便地使用通证来消费产品和服务。这些通证可转让和流通，作为价值的存储和交换媒介，其价值源自企业本身的价值。

有了数字通证的加持，区块链可以更好地立足实体经济，为实体经济服务。例如，启发和鼓励大家把各种权益证明，如门票、积分、合同、证书、点卡、证券、权限、资质等通证化，放到区块链上流转，或在区块链基础上赠送优惠券，促进消费、引导消费者需求。这些应用结合通证经济和区块链技术，可以在经济生态系统中实现价值传递，激发参与者的积极性和贡献动机，创造更多的价值。

跨链技术

跨链是允许不同区块链网络互相协作和互操作的技术，支持数据、资产和智能合约在不同区块链之间共享和互通。为了确保安全性和可靠性，跨链采用特定的共识机制，同时利用锚节点、中继链等技术手段来实现数据传输和验证。

跨链可以分为以下三个关键层次。

数据跨链访问：这是跨链的基础层，主要着眼于如何在一个区块链上访问另一个区块链的数据。例如，以太坊智能合约可能需要访问比特币区块链上某个交易的详情。数据跨链访问确保了数据的完整性和真实性，使得不同的区块链可以安全、准确地共享信息。

资产跨链流通：不同区块链上的资产可以自由流通和交换。例如，用户希望将其在以太坊上的代币转移到另一个区块链平台。资产跨链流通不仅要确保资产的安全转移，还要处理资产在不同区块链上的表示和价值转换。

合约跨链调用：这是跨链的最高层，允许一个区块链上的智能合约调用另一个区块链上的智能合约。这为复杂的去中心化应用提供了巨大的可能性，因为它们可以利用多个区块链上的功能和服务。合约跨链调用要解决合约逻辑的兼容性、状态的同步以及执行结果的验证等问题。

元宇宙数字商品确权和价值流通

区块链的分布式存储系统、哈希算法、非对称加密、智能合约等，为基于数据要素的数字商品确权提供了技术保障。分布式存储系统将数据分散存储在多个节点上，确保了数字商品信息的不可篡改性和可追溯性。

哈希算法用于数据加密和验证，将任意长度的数据转换为固定长度的哈希值，以确保数据的唯一性和完整性，识别用户身份和商品来源。非对称加密基于公钥和私钥的加密方式，确保交易信息的机密性和安全性，进而保护用户隐私。智能合约是可根据不同需求灵活配置的自动化合约，能够确保数字商品权益的准确分配和自动执行。

数字商品只有实现跨平台的价值流通，才能保持数字原生品市场持续繁荣。这一观点为跨元宇宙经济体系的构建提供了经济学理论基础。不断发展的 VR、AR 技术使得能够呈现近乎实体商品真实体验的数字商品呼之欲出，元宇宙得以成为现实世界的数字副本。在此背景下，元宇宙，不仅能实现数字系统内的价值流通，还能实现"虚"与"实"的相生，即元宇宙内的数字商品既能够在单个元宇宙内或者元宇宙之间进行交易买卖，还可以参与实体产业价值循环。图 5.1 展示了元宇宙和现实世界商品确权和价值流通的路径。

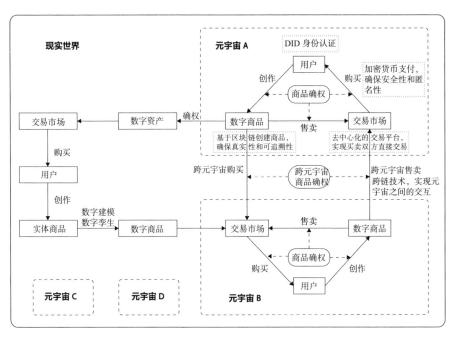

图 5.1　元宇宙和现实世界商品确权和价值流通的路径

5.2　人工智能：元宇宙的生产力

人工智能（AI）是模拟人类思维和行为的技术，能够让机器执行复杂任务，如学习、推理、自我修正、感知和解决问题。从深度学习到神经网络，AI 技术的不断进步正在改变我们的生活、工作和娱乐方式。

在元宇宙中，AI 技术发挥着至关重要的作用。它不仅可以赋予虚拟角色更真实、更复杂的行为和情感，还能通过深度学习和神经网络技术实现自动学习，模仿现实世界的行为。这使得虚拟角色能够自然地与玩家或其他虚拟角色进行互动。

AI 技术，尤其是生成对抗网络（GAN），可以自动创建和优化元宇宙的虚拟环境，使其不仅外观逼真，还可以根据玩家的行为和偏好进行实时调整。此外，物理引擎和模拟技术也可以通过 AI 进行优化，使元宇宙中的物理现象更真实。

AI 技术还提供了更智能、更自然的互动方式。不论是虚拟角色之间，还是玩家与虚拟环境之间，都可以通过 AI 技术实现更复杂、更真实的互动。例如，利用神经图灵机（NTM）等技术存储和检索玩家的行为数据，为玩家提供更个性化的游戏体验。

随着技术的不断发展，AI 将在元宇宙中发挥更加关键的作用，推动元宇宙向更真实、更复杂和更智能的方向发展。

5.2.1　人工智能的发展

人工智能是计算机科学的一个分支，旨在创建能够执行通常需要人类智慧的任务的系统。这些任务包括问题解决、知识表示、规划、自然语言处理、感知、模式识别和机器学习等。简而言之，AI 通过计算机模拟人类的思维过程。。

▌人工智能的历史

20 世纪 50 年代：AI 的起源可以追溯到 1950 年，当时阿兰·图灵提出了"图灵测试"。1956 年，John McCarthy 在达特茅斯会议上首次提出了"人工智能"这一术语。

20 世纪 60 — 70 年代：迎来第一次 AI 浪潮，研究者们开发了一系列基于规则的系统，如 ELIZA 和 SHRDLU。

20 世纪 80 年代：在这一时期，专家系统开始兴起，这类系统模拟特定领域的专家决策。

20 世纪 90 年代：机器学习方法开始流行，特别是神经网络，为后来的深度学习奠定了基础。

21 世纪 00 年代：随着计算能力的增强和大数据的出现，深度学习开始崭露头角。特别是在计算机视觉和语音识别领域，深度学习模型开始超越传统方法。

21 世纪 10 年代：深度学习技术在多个领域取得了突破性进展。特别是 2012 年的 ImageNet 竞赛，深度神经网络 AlexNet 大幅领先其他算法，这标志着深度学习的崛起。此后，Transformer 架构的出现和 BERT 模型的发布进一步推动了自然语言处理领域的进步。

21 世纪 20 年代：进入大模型时代。随着计算能力的进一步增强，研究者们开始训练越来越大的模型，如 GPT-3 和 Turing-NLG。这些大模型展示了令人震惊的生成能力和泛化能力，但同时也引发了关于计算成本、模型效率和伦理问题的讨论。

机器学习

机器学习是人工智能的一个关键细分领域，着力于让计算机系统通过数据学习来不断改进，而无须进行明确的编程。机器学习的核心理念是，给定大量的数据和某种任务，让计算机自动找出数据中的模式，并利用这些模式来执行特定任务。

20 世纪，阿兰·图灵提出了一个重要问题："机器是否具备思维能力？"并设计了一个实验，即《模仿游戏》（*The Imitation Game*），后来被称为图灵测试（Turing Test）。这一测试不要求被检测的机器拥有与人脑相似的内部结构，而是通过行为来判断其是否具备思维能力，也就是从行为主义的角度对"机器思维"进行了定义。

▋机器学习的主要方法

有监督学习（supervised learning）利用输入数据及其对应的标签来训练模型，进而找到输入和输出之间的映射关系。常见算法有线性回归、逻辑回归、支持向量机、决策树、随机森林、神经网络等，常见应用有分类任务（如垃圾邮件检测）、回归任务（如房价预测）。

无监督学习（unsupervised learning）从不带标签的数据中学习，试图找出数据的隐藏结构或模式。常见算法有 k- 均值聚类、层次聚类、主成分分析、自编码器等。无监督学习可以根据数据的各种特征聚类，还可以降维，帮助我们更好地理解数据。

半监督学习（semi-supervised learning）介于有监督学习和无监督学习之间。在许多情况下，只有少量数据带有标签，因为标记数据的成本很高。半监督学习结合少量带标签数据和大量无标签数据进行学习，通常应用于医学图像分析等领域。

强化学习（reinforcement learning）通过智能体与环境互动来学习，旨在最大化某种奖励信号。常见算法有 Q-Learning、深度 Q 网络、策略梯度等，常应用于游戏、机器人控制、推荐系统。

集成学习（ensemble learning）通过结合多个模型的预测来提高整体性能。常见算法有 Bagging、Boosting、随机森林、AdaBoost、梯度提升机等。主要应用于分类和回归任务，尤其是当单一模型的性能不足时。

迁移学习（transfer learning）将从一个任务上学到的知识用于不同但相关的任务。它可以通过将已训练好的模型参数应用于新任务，从而避免从头开始学习。近年来，迁移学习已成为机器学习的重要领域。

生成性对抗网络（generative adversarial networks，GAN）由

生成器和判别器两个网络组成，它们相互竞争：生成器试图生成假数据，而判别器试图区分真数据和假数据。GAN 主要应用于图像生成、艺术创作、数据增强。

深度学习与神经网络

深度学习（deep learning）：机器学习的一个分支，主要使用神经网络，特别是具有多个隐藏层的深层神经网络进行数据学习，通常需要大量的数据和计算资源。深度学习在图像识别、语音处理、自然语言处理等领域取得了显著进展。

神经网络（neural network）：深度学习的核心部分，模拟人脑神经元，使用深层神经网络进行数据学习。它由多个节点（称为神经元）组成，可以有一个或多个隐藏层。浅层神经网络有较少的隐藏层，而深层神经网络有多个。

前馈神经网络（feedforward neural network，FNN）：一种基本的神经网络结构，包括输入层、隐藏层、输出层。其中，输入层是接收外部输入的层；隐藏层是介于输入层和输出层之间的一个或多个层，用于捕获输入数据的复杂特征；输出层产生网络的最终输出。数据流从输入层开始，经过隐藏层，最终到达输出层，不包含任何反馈或循环。

神经元中的激活函数，将线性组合输入转化为非线性输出，常用的激活函数有 ReLU、Sigmoid、Tanh 等。前馈神经网络通常使用反向传播算法进行训练，该算法基于梯度下降来优化网络的权重。前馈神经网络广泛应用于分类、回归和模式识别等任务。

由于结构简单，前馈神经网络在某些任务中的表现不如其他复杂网络（如卷积神经网络、递归神经网络）出色。并且，前馈神经网络不能处理具有时间序列或空间序列的数据，因为它没有记忆或反馈机制。

卷积神经网络（convolutional neural network，CNN）：一种深度学习模型，专门用于处理具有网格结构的数据，如图像。它由输入层、卷积层、激活层、池化层和全连接层等组成。其中，输入层接收原始图像数据；卷积层通过卷积操作捕获图像的局部特征，具有平移不变性；激活层通常使用 ReLU 激活函数为网络引入非线性；池化层进行下采样，减少数据维度的同时保留重要特征；全连接层将特征映射到最终的输出类。

卷积神经网络在图像分类、物体检测、图像分割等计算机视觉任务中表现出色，也用于视频分析、语音识别和自然语言处理等领域。得益于其参数共享和局部连接的特性，卷积神经网络能够有效地处理高维数据（如图像），自动学习从低级到高级的特征，代表性模型有 LeNet、AlexNet、VGGNet、ResNet 等。

递归神经网络（recursive neural network，RecNN）：一种深度学习模型，专门设计用于处理具有层次结构或树状结构的数据，如自然语言句子的语法树或计算机程序的抽象语法树。在每个树节点，模型会将来自子节点的信息合并，并通过非线性变换生成新的表示。这个过程会递归地进行，直到整个树被处理完毕。

递归神经网络主要用于自然语言处理，特别是在句法分析和情感分析中，它可以捕获句子中的层次结构，从而更好地理解句子的含义。由于递归神经网络的深度与输入数据的大小成正比，这可能导致梯度消失或梯度爆炸问题，从而影响训练的稳定性。

递归神经网络和循环神经网络（RNN）都是为处理序列数据而设计的，但它们的工作方式有所不同。RNN 按时间步处理序列数据，通常用于处理时间序列数据或文本数据，而 RecNN 处理数据的层次结构，更适合处理具有明确树状结构的数据。

循环神经网络（recurrent neural network，RNN）：一种深度学习模型，专门设计用于处理序列数据，如时间序列或文本。与传统的前馈神经网络不同，RNN 结构中包含循环，允许信息在时间步之间持续流动。在 RNN 中，每个时间步都有一个输入和一个输出，并且网络会维护一个"隐藏状态"，该状态包含了到目前为止处理的序列的信息。

RNN 广泛用于自然语言处理（如文本生成、机器翻译和情感分析）、语音识别、时间序列预测等任务。RNN 也存在梯度消失和梯度爆炸的问题，难以学习长期的依赖关系。为了有效地捕获长期依赖关系，研究者提出了 LSTM（长短时记忆模型）和 GRU（门控循环单元）等 RNN 的变种。LSTM 具有三个门（输入门、遗忘门和输出门），而 GRU 具有两个门（重置门和更新门）。

自编码器（auto-encoders）：一种无监督的深度学习算法，由编码器和解码器两部分组成，主要功能是数据编码（降维）和解码（重建）。编码器将输入数据压缩成低维的编码，解码器则从该编码重建原始数据。自编码器主要应用于特征学习、降维、异常检测。

生成对抗网络（generative adversarial networks，GAN）：由生成器和判别器两部分组成，主要功能是生成与真实数据分布相似的新数据。生成器试图产生真实的数据，而判别器试图区分真实数据和生成的数据。生成对抗网络主要应用于图像生成、艺术创作、超分辨率、风格迁移。

深度信念网络（deep belief networks，DBN）：由多个受限玻尔兹曼机（RBM）层叠而成的生成模型，主要应用于特征学习、分类、降维。

神经图灵机（neural turing machines，NTM）：由神经网络控制器和可读写的记忆矩阵组成，可以增强神经网络的记忆和注意力机制。主要应用于序列预测、排序任务、模式识别。

人工智能及其算法进展飞速，其在元宇宙中的价值也日益凸显。

例如，自编码器可以用于元宇宙中的数据压缩和优化，加速虚拟世界的加载和渲染；GAN 可以为艺术创作者提供创新的工具，生成独特的艺术作品或为虚拟角色设计新外观；DBN 可以用于元宇宙中的推荐系统，为用户提供个性化的内容和体验；而 NTM 可以增强元宇宙中的交互式 AI 助手，使其更加智能和高效。这些先进的 AI 模型，为元宇宙的发展提供了坚实的技术基础。

5.2.2 AIGC 和大语言模型

AIGC 是由人工智能系统生成的各种形式的内容，包括文本、图像、音频、视频等。与传统的内容创作方式不同，AIGC 不依赖人类的直接输入，而是通过算法和模型自动产生。

随着深度学习和神经网络技术的迅猛发展和不断的优化，AI 模型变得愈加复杂，计算能力也得到了显著提升，并在应用中不断完善。这使得 AI 有能力处理和生成前所未有的复杂内容。同时，互联网的普及和数字化转型带来了数据量的爆炸式增长，这为 AI 模型理解和生成各种内容提供了充分条件。

早期的 AIGC 应用主要集中在简单的文本生成和图像编辑领域，但如今 AIGC 已扩展到更复杂的任务，如音乐创作和电影制作等领域。这为元宇宙中的数字内容创作提供了高效、便捷和经济的选择。

▌早期的 AI 与内容生成

20 世纪 50 − 70 年代：AI 的早期研究主要集中在基于规则的系统，如专家系统。这些系统依赖预先编程的规则来生成内容，如天气预报和简单的新闻报道。

20 世纪 80 年代：随着机器学习的兴起，算法开始从数据中学习规则，而不是完全依赖硬编码的规则。这样就可以进行更复杂的内容生成，如自动生成的股票市场报告。

▌神经网络与深度学习的崛起

20 世纪 90 年代 - 21 世纪初：神经网络开始受到关注，但受制于计算能力和数据量，应用仍然相对有限。

21 世纪 10 年代：深度学习的兴起彻底改变了 AI 领域。随着计算能力和数据量的提高，深度学习模型，特别是 CNN 和 RNN，开始在图像和文本生成中取得显著的成果。

▌AIGC 的现代应用

GAN：2014 年提出的 GAN 为图像、音频和视频内容的生成创造了新的可能性。例如，DeepFake 技术就是基于 GAN 的，它可以生成逼真的人脸图像和视频。

Transformer 与 BERT：2017 年和 2018 年，Transformer 结构和 BERT 模型的出现进一步推动了文本生成的进步。这些模型能够理解和生成更复杂和连贯的文本内容。

OpenAI 的 GPT 系列：从 GPT 到 GPT-4，这些大型语言模型展示了文本生成的巨大潜力，可以用于撰写文章、编写代码，以及生成诗歌和故事等。

跨模态 AIGC：AI 技术在多种模态（如文本、图像、音频和视频）之间进行内容生成、转换，不仅可以在单一模态中生成内容，还可以将一个模态的内容转换为另一个模态，如将文本描述转换为图像或将图像转换为描述。在元宇宙里，跨模态 AIGC 可以实时生成和调整内容，如根据用户描述生成 3D 物体或场景，也可以根据音乐风格或描述自动生成音乐片段或完整的曲目。

▌大语言模型（large language model）

大语言模型，如 OpenAI 的 GPT 系列，是基于深度学习技术的自然语言处理模型。这些模型通过大量文本数据进行训练，学习语言的模式和结构，能够理解和生成人类语言，执行多种任务，如生成连贯的文本、回答问题、进行文本分类。

大语言模型的目标是预测给定词序列中的下一个词，并为每个可能的下一个词分配一个概率值。通常，大语言模型采用深度神经网络，尤其是 Transformer 结构，利用自注意力机制来捕捉输入序列中的长距离依赖关系。每个 Transformer 层都包含一个前馈神经网络，用于独立地处理每个位置的词。

自注意力机制：Transformer 的核心，允许模型关注输入序列的不同部分，以更好地理解文本的上下文。在自注意力机制中，每个词与其他所有词进行交互，计算其重要性权重，以决定模型应该"关注"的程度。这种机制非常适合语言处理，因为语言中的词经常与其他位置的词存在关联。在 Transformer 中，自注意力机制还被扩展为"多头"注意力，同时关注文本的不同方面。

通过预测给定上下文中的下一个词，模型学习词与词之间的关系、句子结构、语法和语义。一旦模型训练完成，就可以用来生成新的文本。在生成过程中，给定一个初始文本（称为提示），模型会预测下一个最可能的词，然后将这个词添加到文本中。这个过程会不断重复，直到生成所需长度的文本或遇到特定的结束标记。

词嵌入（embedding）：用于将词汇转换为高维向量，以捕捉词的语义信息。大语言模型使用词嵌入将输入的词转换为向量，然后送入神经网络进行处理。

位置编码：由于 Transformer 结构不考虑输入词汇的顺序，所以还需要添加位置编码来提供模型有关词汇位置的信息。

微调（fine-tuning）：一种迁移学习技术，将一个在大型数据集上预先训练的模型，用一个较小的、特定的数据集作进一步训练，以应用其学到的知识。首先，大语言模型在大型文本数据集上进行预训练，学习语言的基本结构、语法、语义和大量的事实知识。然后，在特定任务的小型数据集上进行微调，以适应特定任务。为了保持模型的准确性和适应性，应定期使用新数据进行微调，以持续学习和更新。

AIGC 与大语言模型的关系

与传统的基于规则的编程不同，AIGC 通过训练模型来解决问题，而不是依赖预定义的算法。大语言模型是 AIGC 的一个实例。通过训练大语言模型，我们可以实现多种任务，从简单的文本生成到复杂的问答。

大语言模型的出现为 AIGC 提供了一种有效的手段，使通用计算成为可能。另一方面，AIGC 为大语言模型提供了更广泛的应用领域。两者相辅相成，共同推动 AI 技术的发展。

在元宇宙中，大语言模型具有广泛的应用潜力。它可以充当虚拟助手，提供即时信息和回答用户的问题，也可以生成各种文本内容，如虚拟书籍、新闻和故事。在游戏或模拟环境中，大语言模型赋予了虚拟角色或 NPC 真实性，使其行为和对话更加自然。结合大语言模型和其他 AI 技术，AIGC 能够实现更复杂的任务，如虚拟角色的自动化控制、复杂问题的解答等。大语言模型和 AIGC 正在重新定义元宇宙的互动方式和内容创作，为虚拟世界带来了前所未有的创新和机遇。

5.2.3　虚拟人

在元宇宙中构建虚拟人是近年来人工智能领域的热门研究方向，它结合计算机图形学、计算机视觉和深度学习技术，可以创造逼真的虚拟人物。

▌虚拟人技术

神经渲染：结合深度学习和传统渲染技术，可以实时生成逼真的光影效果，使虚拟人在各种光照条件下看起来更真实。

面部捕捉和动画：捕捉真人的面部表情和动作数据并应用到虚拟人的模型上，使虚拟人具有逼真的面部表情和动作。

语音合成和自然语言处理：虚拟人需要有自己的声音，并能够理解和回应用户的指令。语音合成技术可以生成逼真的语音，而自然语言处理技术使虚拟人能够理解和回应用户指令。

个性化和自适应：通过深度学习，虚拟人可以根据与用户的互动来调整其行为和反应，使其更具个性化和适应性。

▌虚拟人的应用场景

虚拟人在元宇宙中有着广泛的应用场景，包括社交互动、商业服务、文化与艺术展示以及数字工作场景。它们可以作为社交伙伴、服务员、导游、教师等角色存在，为元宇宙的用户提供更丰富的体验。

社交对象与情感互动：虚拟人可以作为很好的社交伙伴，理解和回应用户的情感需求，也可以作为 NPC 参与游戏和娱乐场景中并和用户互动。

商业服务：虚拟人可以在元宇宙的商业场所，如虚拟商店、酒店或餐厅中担任服务员、导购或经理。还可以担任导游、客户服务等角色。

文化与艺术展示：在元宇宙的博物馆、艺术馆或音乐厅中，虚拟人可以扮演多才多艺的虚拟表演者，提供丰富的文化和艺术展示。

数字工作场景：在实体工业的数字孪生环境中，虚拟人可以取代真实员工完成危险作业。也可以作为虚拟教师或教练，在元宇宙的学校或培训中心提供教育和培训服务。

▌虚拟人的价值

虚拟人在元宇宙中的存在价值和意义不仅在于提升了视觉体验和经济效率，还在于满足了社交和情感需求。然而，虚拟人也引发了一系列伦理和哲学问题，如虚拟人的"存在"定义、人类自身身份和价值的威胁以及虚拟人的权益问题。这些问题需要深入思考和平衡，以确保虚拟人的发展与人类社会的价值观相一致。总的来说，虚拟人为现代社会带来了机遇和挑战，需要综合考虑各个层面，以实现其最大潜力并处理相关问题。

除了经济价值，虚拟人还承载着深厚的社会和情感价值。虚拟人能够与人类建立深入的互动关系，为许多人提供情感上的支持和陪伴。无论是在日常社交互动中，还是在特定场景如老年人的陪伴和康复中，虚拟人都有着出色的表现。

极具想象力的场景是，逝去的生命在元宇宙中作为虚拟人存在，实现其在数字世界的"永生"。不过，虚拟人无论多么逼真，都是基于代码和算法运行的，而不是基于真正的自我意识，不具备传统意义上的生命特征。但从情感的角度，与虚拟人互动可以给生者以安慰，唤起美好的回忆，缓解悲伤和失落等负面情绪。

由此引发了一系列哲学问题。首先，如何定义虚拟人的"存在"？它们是否真的"活着"？是否拥有与人类相似的意识和情感？再者，随着虚拟人在各个领域的广泛应用，人类是否会感到自己的价值和地位受到威胁？我们是否会因为虚拟人的普及而对自己的身份和价值产生怀疑？最后，关于虚拟人的权利和归属问题也是值得探讨的话题。在元宇宙这样的虚拟世界中，虚拟人的权益应该如何被保障？我们需要深入思考并找到平衡，确保在享受虚拟人带来的便利和价值的同时，也能妥善处理与之相关的伦理和哲学问题。

▌彼得 2.0：世上第一位虚拟人

彼得·鲍曼·斯科特 – 摩根（Peter Bowman Scott-Morgan）是英国计算机人工智能科学家。

2017 年，彼得被诊断出患有运动神经元疾病，即渐冻症。医生预测他仅剩大约两年的生命。于是，彼得和其家人做了一个重要决定：努力成为电子人（半机械人），以延长自己的生命。为了控制因渐冻症而逐渐萎缩的肌肉和器官，为了成为"电子人"，他接受了一系列的手术，采用电子系统控制身体，通过眼动追踪技术操作电脑，借助轮椅站起来。

同时，彼得还在计算机界面里设计了代表自己的数字化身"彼得 2.0"。这个数字化身完美地模拟了彼得的外观、声音、表情等个性特征。2019 年 10 月 10 日，彼得成为世界上首例不可逆转的完全由机械控制的人类，完成了人类向电子人的转变。从这一天起，他的生物大脑只通过人工智能技术，控制"彼得 2.0"代表他在数字世界里与外界互动。

2020 年，彼得成为英国"第四频道"纪录片《彼得：电子人》的主角。该纪录片讲述了彼得这位开创性的科学家身患绝症之后，整合医学与机械电子技术、计算机与人工智能技术，努力成为电子人来延长生命的故事。

2021 年 4 月，彼得的自传《彼得 2.0：电子人》在英国出版，向世人讲述了他与病魔作斗争的历程：自己转变为电子人，创建了继承自身形象和智慧的数字人"彼得 2.0"。2022 年 1 月"彼得 2.0"公开接受 DXC Technology 的采访，宛如彼得现身。

彼得的最终目标是通过科技创新改变人类生命的定义。"地球上的每个人，即使是在最贫穷的社区，都会与人工智能密切合作。我们中的一些人会走得更远，真正与人工智能合并，以扩展人类生命的意义。"

2022 年 6 月 15 日，彼得因渐冻并发症离开了人世。虚拟人"彼得 2.0"延续了他的智慧、情感、音容笑貌，留在了数字世界里。

5.2.4　AI 推动元宇宙价值创新

元宇宙的实现离不开 AI 的支持。AI 不仅在技术层面推动了元宇宙的变革，还为价值创新和解决各种挑战提供了新的思路和工具。

虚拟角色的生成和个性化：借助深度学习和生成对抗网络（GAN），AI 可以创造出逼真的虚拟角色，并根据用户需求进行个性化定制。进一步，自然语言处理技术使这些虚拟角色能够进行自然的语言交互，提供更真实的体验。

虚拟环境的自动生成：AIGC 可以自动生成各种虚拟环境，无论是宏伟的城堡、幽静的森林，还是繁华的都市，都可以通过算法快速生成。这大大降低了虚拟环境的制作成本，为元宇宙的发展提供了强大的支持。

虚拟物品的创造：在元宇宙中，通过 AIGC 可以生成各种独特和有价值的虚拟物品，如虚拟服饰、虚拟艺术品等。而区块链技术确保了虚拟物品的真实性和唯一性。

社交与娱乐的创新：AI 为元宇宙中的社交和娱乐提供了丰富的内容。无论是虚拟音乐会、虚拟时装秀，还是虚拟角色之间的社交互动，都离不开 AI 的支持。特别是语音识别和自然语言处理技术，使得用户可以与虚拟角色进行更加自然和真实的交互。

教育与培训的革新：在元宇宙中，可以通过 AIGC 创建各种虚拟教室和培训场景，提供沉浸式的学习体验，无论是语言学习、技能培训，还是文化交流。同样，也可以设计教育虚拟人，通过情感上的吸引帮助用户进入心流状态，参与学习任务。

元宇宙的发展也伴随着一系列技术和社会挑战，从技术实现的角度构建一个真实感的虚拟世界，在这个数字空间中维护社会秩序，都需要寻找创新的解决方案。在这方面，AI 提供了一系列有效力的工具和方法。

数据安全和隐私保护：AI 技术可以用于检测和预防各种安全威胁，如欺诈、恶意软件和网络攻击。此外，AI 能协助用户有效地管理和控制他们的个人数据，确保隐私不受侵犯。AI 技术还可以通过行为分析和生物特征验证等手段，维护用户的身份信息，及时识别和阻止任何可疑活动。

内容监管：元宇宙是一个开放的平台，但这也意味着存在不适当或有害的内容。AI 技术可以用来自动检测和过滤这些内容，以确保元宇宙成为一个安全和友好的环境。AI 系统可以识别和标记不适当的内容，进而对其进行限制或移除，从而保护用户免受有害内容的影响。

元宇宙的安全与管理：AI 技术在确保元宇宙的安全和有效管理方面发挥了重要作用。借助机器学习技术，可以对元宇宙中的异常行为进行实时监控和预警，以确保用户的安全。AI 还可以提供智能化的解决方案，如智能管理系统，以更好地管理元宇宙中的资源和活动。

可以预见，将来还会出现更多的应用和创新。例如，借助神经网络可以创建更复杂和真实感的虚拟环境；强化学习可以使虚拟人物更加智能和自适应；运用跨模态 AI 可以整合元宇宙中的各种信息，为玩家提供更丰富和个性化的体验。

5.3 数字孪生：元宇宙内容速生成

数字孪生（digital twin）是一个复杂的概念，它横跨多个领域，包括物联网、大数据、人工智能等。简而言之，数字孪生是为实体对象创建动态的数字模型，用于模拟、预测和优化其对应的现实世界对象的行为和性能。该数字模型不仅包含对象的物理特性，还包含其行为、功能和生命周期等信息。通过数字孪生技术，我们能够实时监测、分析和优化真实世界中的对象和系统。

数字孪生并非新生事物，这一概念最早可以追溯到 20 世纪 60 年代的航天工业。当时，为了确保宇航员的安全，工程师们创建了一个地面模拟系统，用于模拟和预测宇宙飞船在太空中的行为。这个模拟系统可以看作数字孪生的雏形。随着技术的进步，数字孪生的应用领域逐渐扩大，从航天工业到制造业，再到医疗、交通、能源等多个领域。

在元宇宙中，数字孪生发挥着至关重要的作用。它作为元宇宙和现实世界之间的桥梁，连接虚拟世界和实际世界。通过数字孪生技术，用户能够将现实世界的对象和数据导入元宇宙，仿佛塑造了一个数字化的平行世界。数字孪生技术将元宇宙视为现实世界的数字映射，同时还能够通过模拟和预测数字环境来优化现实世界的决策。

5.3.1 数字孪生的技术特点

高度的数据整合能力：数字孪生的核心是数据。为了创建现实世界的数字副本，数字孪生需要整合和处理大量不同来源的数据，如传感器、数据库、用户输入等。例如，风力发电机的数字孪生可能会整合来自多个传感器的数据，包括温度、压力和振动数据。

实时的数据同步：数字孪生不仅可以整合数据，还可以实时地同步数据。当现实世界的对象发生变化时，数字孪生也会相应地更新。这种实时的数据同步能力使得数字孪生始终与现实世界保持一致，为用户提供准确和及时的数字参考。

高度的交互性：数字孪生不仅是一个被动的数据模型，还是一个交互式的模拟环境。用户可以与数字孪生互动，如更改参数、观察不同的模拟结果等。这种高度的交互性使得数字孪生成为强大的决策支持工具，可以帮助用户更好地理解和预测现实世界的行为。

多维度的模拟能力：数字孪生不仅可以模拟现实世界的物理特性，还可以模拟其行为、功能和生命周期等。这种多维度的模拟能力使得数字孪生能够应对各种复杂的场景和问题，如产品设计、系统优化、故障预测等。通过实时模拟和分析，用户可以预测和优化物理实体的性能，如预测设备的故障、优化生产过程。

开放和可扩展性：用户可以根据自己的需要，为数字孪生添加新的功能和模块，如新的数据源、新的模拟算法等。这种开放和可扩展性使得数字孪生可以适应不同的应用需求和场景。

云计算和边缘计算的支持：数字孪生越来越多地利用云计算和边缘计算技术，提供高效和灵活的服务。通过云计算，数字孪生可以处理大量数据和复杂的模拟任务；通过边缘计算，数字孪生可以更接近数据源，实现更低的延迟和更高的实时性。

强大的安全和隐私保护：数字孪生涉及到大量的敏感数据，如用户信息、企业数据等。数字孪生采用加密、访问控制、匿名化等方式，确保数据在传输、存储和处理过程中的安全性，同时也保护了用户的隐私权益。

5.3.2　数字孪生的虚拟世界：现实世界的映射

数字孪生的核心功能是在元宇宙里"复制"现实世界，将现实世界的物体、过程或系统与其虚拟表示连接起来。这种连接不仅仅是表面的模拟，而是在数据、行为和性能上高度一致。

为此，数字孪生通过先进的传感器、算法和模型，捕获现实世界的实时数据，将其与预先设定的模型数据进行比较，然后在虚拟环境中进行模拟和分析。

随着现实世界的变化，数字孪生会实时更新其虚拟表示，确保虚拟世界始终与现实世界保持同步。此外，数字孪生还可以将虚拟模拟的结果反馈给现实世界，从而实现真实与虚拟之间的双向交互。

虚拟城市规划与管理： 在元宇宙中，数字孪生可以用于创建和管理虚拟城市。城市规划者可以使用数字孪生模拟不同的城市设计方案，预测其对交通、环境和居民生活的影响，从而做出更明智的决策。同时，城市管理者可以通过数字孪生实时监测城市的运行状态，及时发现和处理各种问题。

虚拟商品设计与生产： 设计师可以使用数字孪生在元宇宙中设计和测试虚拟商品，如服装、家具和交通工具，通过模拟和分析不断优化商品的性能和外观，提高用户满意度。生产者则可以使用数字孪生模拟生产过程，优化生产线和资源配置，提高生产效率。

虚拟生态系统建设与保护： 在元宇宙中，数字孪生可以用于创建和管理虚拟生态系统。生态学家可以使用数字孪生模拟不同的生态恢复方案，预测其对生物多样性和生态服务的影响，从而做出更加科学的决策。同时，生态保护者可以通过数字孪生实时监测生态系统的健康状况，及时发现和处理各种威胁。

虚拟教育与培训： 教育者可以使用数字孪生在元宇宙中创建虚拟教室和实验室。学生可以在这些虚拟环境中进行各种实验和实践活动，获得更加真实和深入的学习体验。同时，教育者可以通过数字孪生实时监测学生的学习进度和表现，提供个性化的指导和反馈。

虚拟健康与医疗： 医生和研究人员可以使用数字孪生在元宇宙中模拟和分析各种疾病和治疗方案，更加准确地诊断疾病、预测治疗效果和副作用，从而为患者提供更加科学和个性化的医疗服务。

虚拟生态系统与环境保护：虚拟生态系统是在数字空间中模拟的生态环境，包括虚拟的植物、动物、气候和其他自然要素。这些要素与现实世界的生态系统相似，但是可以根据设计者的意向进行调整和修改。科学家可以使用虚拟生态系统来模拟现实世界的生态过程，预测气候变化、污染和其他环境因素对生态系统的影响；模拟不同的生态恢复策略，找出最有效的方法；模拟气候变化对生态系统的影响，帮助科学家预测未来的生态变化并制定应对策略。

在元宇宙中，数字孪生的概念得到了进一步的拓展和深化，它不仅是现实世界的映射，还是元宇宙的核心组成部分。通过数字孪生，我们可以更好地理解和管理现实世界，同时也可以在虚拟世界中创造出无限可能。

5.4　混合现实：元宇宙的高维度体验

VR 让用户沉浸于计算机生成的环境中，AR 在现实世界的基础上叠加了虚拟信息，混合现实结合了 VR 的沉浸式体验和 AR 的虚拟与现实世界交互能力。如果我们将现实与虚拟看作一个连续的谱系，那么 AR 位于现实端，VR 位于虚拟端，而混合现实位于中间。

混合现实正在被应用于各种实际场景中，如医疗、教育、娱乐和工业设计等。特别是在教育和培训领域，MR 为学习者提供了一个富有沉浸度的互动环境，让学习变得更加直观和有趣。

5.4.1　混合现实技术的发展

混合现实的实现依赖一系列先进技术的组合。

3D 计算机图形学：创建、存储和操纵 3D 对象的技术，用于构建虚拟物体。从早期的简单几何形状到现在的高真实感图形，

3D 计算机图形学取得了长足的进步。现代的图形渲染技术如光线追踪和实时渲染技术，使得虚拟物体能够与现实世界无缝融合。同时，新型的显示技术，如透明显示和光场显示，也为混合现实带来了更好的沉浸体验。

传感器技术： 捕捉用户和环境信息的关键，如位置、方向和动作等，为虚拟内容与现实世界的无缝融合创造了条件。早期的 MR 系统依赖大型和昂贵的传感器。随着微电子技术的进步，现代传感器变得更小、更精确且更便宜，如 IMU（惯性测量单元）、深度摄像头和 SLAM（同步定位与映射）。

显示技术： 决定了用户如何看到和体验混合现实内容。近年来，波导光学、全息显示和 AR 眼镜等技术的出现，为 MR 提供了更自然和舒适的视觉体验。

交互技术： 定义了用户如何与 MR 内容进行互动。从早期的物理控制器到现在的手势和语音控制，交互技术为用户提供了更直观和自然的操作方式。机器学习和 AI 的进步也使得系统能够更好地理解和响应用户的意图。

跟踪与定位技术： 确保虚拟物体能够准确地与现实世界对齐。SLAM 技术的进步使得 MR 设备能够在没有外部传感器的情况下实现精确跟踪和定位。此外，计算机视觉和深度学习技术也为对象识别和场景理解提供了强大的支持。通过对摄像头捕获的图像进行实时分析，利用计算机视觉技术可以识别和跟踪现实世界中的物体和表面，从而确保虚拟内容能够准确地与真实环境对齐。此外，深度学习和人工智能算法的进步也为计算机视觉带来了更高的准确性和实时性。

MR 的崛起与其背后的设备和平台的发展密不可分，从早期的实验性原型到现今高度成熟的商业产品，混合现实设备和平台经历了一系列的技术革命和市场迭代。

随着 MR 技术的进步，第一代商业化的头戴显示器如微软 HoloLens 和 Magic Leap One 问世。这些设备集成了高度先进的传感器和计算能力，允许用户在没有外部设备的情况下体验混合现实。

除了头戴设备，智能手机和平板电脑也开始支持混合现实应用。利用设备上的摄像头和传感器，开发者可以为用户提供基于位置的 AR 体验和交互。

随着混合现实设备的发展，各大技术公司开始构建混合现实的平台和生态系统。例如，微软 Mixed Reality、微软 ARCore 和苹果 ARKit，这些平台为开发者提供工具和资源，以便他们创建和分发混合现实应用。

可以预见，未来的混合现实设备将更加轻便、高效，并能够支持更为复杂和沉浸的应用场景，塑造我们的数字生活和工作方式。

5.4.2　混合现实：元宇宙里的身临其境

在元宇宙中，混合现实的价值不仅仅是提供视觉上的沉浸体验，更重要的是，它能够为用户带来真实、直观的互动体验。借助混合现实技术，用户可以在真实的环境中与虚拟物体和角色进行交互，如同它们真实存在于我们的世界中一样。这种真实与虚拟的完美结合，使得元宇宙的互动体验更加真实、生动和有趣。

想象一下，在元宇宙中，你可以与一个虚拟角色对话，而这个角色能够理解你的语言、情感和意图，并做出相应的反应。或者，你可以在真实的家中摆放虚拟的家具和装饰品，看看它们与现实环境的融合效果。

混合现实为元宇宙的内容创作者提供了新的工具和平台。他们可以在现实世界中捕捉和创造内容，并无缝地融入到元宇宙中，为用户提供更加丰富和多样的体验。他们还可以实时捕捉和分析现实世界的环境信息，然后将这些信息用于元宇宙的互动和体验。例如，现实世界在下雨，元宇宙中也在下雨。

除了以上虚实融合的互动，混合现实与数字孪生在元宇宙中的结合，使得虚拟与现实之间的界限变得更加模糊。

现实世界的高精度映射：数字孪生为我们提供了现实世界的高精度模型，而混合现实允许我们在真实环境中与这些模型互动。这意味着用户可以在真实的环境中看到并与数字孪生互动。

动态数据交互：数字孪生不仅仅是静态的模型，它们还可以实时地接收和发送数据。结合混合现实，用户可以在现实世界中看到数字孪生的实时数据更新，如建筑物的能耗、交通流量等。

增强的决策支持：混合现实与数字孪生的结合为决策者提供了强大的工具，他们可以在现实世界中看到数字孪生的模拟结果，如城市规划、灾难应对等，从而做出更加明智的决策。

新的社交互动方式：在元宇宙中，混合现实与数字孪生的结合为用户提供了新的社交互动方式。例如，用户可以在现实世界中与其他用户的数字孪生互动，或者参与基于现实世界数据的虚拟活动。

企业和品牌的新机会：混合现实与数字孪生的结合为企业和品牌提供了一个新平台，使他们能够在元宇宙中与用户互动。这不仅为他们提供新的营销和广告机会，还为用户提供了更加真实和有趣的购物体验。

5.5 元宇宙中的数字科技融合创新

数字科技已经渗透到我们生活的每一个角落，从智能手机、物联网设备到先进的人工智能算法，它们共同描绘了一个日益数字化的未来图景。元宇宙为数字科技提供了一个无限的、可塑的空间，使得各种技术得以在此实现并融合，而数字科技为元宇宙提供了构建和发展的基石。

在元宇宙中，数字科技融合创新尤为关键。单一的技术或应用已经不能满足元宇宙中多样化、复杂化的需求。只有将不同的技术和应用结合起来，才能创造出真正有价值、有深度的元宇宙体验。这种融合创新不仅能够为用户带来更加丰富和多元的体验，还能够推动元宇宙的持续发展和创新。

5.5.1　Decentraland：基于以太坊的跨虚拟世界价值流通平台

在数字科技的繁华盛景中，Decentraland 犹如指引创新方向的灯塔，将 VR 与突破性的区块链技术完美融为一体。Decentraland 的核心是一个去中心化的虚拟世界，但其真正的价值在于通过以太坊区块链实现了跨虚拟世界的价值流通，为用户提供了一个真实、透明且安全的交互环境。

Decentraland 是一个由其居民管理的宇宙，没有中央权威，每一块土地、每一个结构和每一件艺术品都是以太坊区块链上的独特、可验证的资产。

▍区块链：Decentraland 的基石

去中心化与所有权：传统的虚拟世界由中心化的实体管理，经常发生审查、规则突变甚至关闭的问题。区块链去中心化的特性，确保了 Decentraland 的稳定，并公开接收任何监督。Decentraland 中的每一块虚拟土地都对应以太坊区块链上的 NFT，确保了所有权和真实性可验证。

互操作性：这是区块链，特别是以太坊的特性。在 Decentraland 的背景下，这意味着资产（如虚拟土地或物品）可以在支持以太坊生成 NFT 的不同虚拟世界或平台之间使用、交易或展示。这种无缝的集成和资产流动放大了元宇宙中价值流通的概念。

经济模型与价值传递：Decentraland 经济是由其本地代币 MANA 支撑的。作为以太坊区块链上的 ERC-20 代币，MANA 可以在各种去中心化市场上交易，支持虚拟世界与现实世界之间的价值传递。借助以太坊 DeFi（去中心化金融）生态系统，用户可以利用他们的虚拟资产获得现实世界的财务收益。

去中心化治理：Decentraland 由 DAO 管理，每一个决定，从土地拍卖到平台升级，都是基于社区投票做出的。这确保了民主、透明和不可腐败。

▌Decentraland 的价值模型：区块链在价值创造中的作用

虚拟房地产：拥有虚拟土地通过区块链变得有形。Decentraland 中的每一块土地都对应 NFT，所有权可验证。这样便催生了一个蓬勃的数字房地产市场，用户通过交易虚拟土地，可以获得实质性的现实价值。

事件和社交聚会：Decentraland 上举办了无数的活动，从艺术展览到会议。区块链确保艺术家和创作者通过智能合约直接得到报酬，消除了中介成本。

游戏和娱乐：区块链为用户提供了独特的游戏体验，游戏资产、成就甚至角色可以在不同的游戏或平台之间交易或使用。

DeFi 和虚拟商务：基于以太坊的 Decentraland 市场允许用户交易虚拟商品和服务。利用各种 DeFi 平台，用户能够从他们的虚拟资产中获得现实世界的收益。

▌基于以太坊的 Decentraland：虚拟世界向元宇宙的跃迁

尽管区块链有着许多独特的优势，如数据的不可篡改性、决策过程去中心化和跨境交易的便利性，但我们也不能忽视其所面临的挑战。其中，区块链的可扩展性问题备受关注。随着网络交易量持续增长，处理和验证这些交易的速度成了瓶颈，这也影响了整个系统的效率。此外，许多区块链项目，特别是比特币，采用的工作量证明共识机制在环境保护方面受到了广泛的批评，因为它需要大量的电力，与绿色发展理念相悖。

此外，非专业用户理解和使用区块链技术的学习曲线相对陡峭。虽然许多项目和平台正在努力提供更友好的用户界面和体验，但对于普通用户，理解区块链的工作原理及其背后的技术细节仍然是一个挑战。

Decentraland 是区块链价值模型的代表性应用，也是虚拟世界向元宇宙跃迁的典型案例。在 Decentraland 中，用户拥有的不只是虚拟土地或资产，还是可验证的真实所有权。这保证了价值的无缝流通，使得虚拟资产在不同的平台或应用之间都能被认可。

5.5.2　扩展现实的延伸：如临人类未至之境

扩展现实的概念，可以追溯到 1998 年出版的翟振明教授的著作 *Get Real: A Philosophical Adventure in Virtual Reality*。这本书还提出了共享大脑、共享感官等超前的概念。回国到中山大学任教后，翟教授主持建立中山大学人机互联实验室，开展"虚拟－现实无缝穿越系统"的研发，旨在实现书中描述的扩展现实场景：通过物联网在不同地理位置的传感器和实验室中的虚拟现实设备，用户能够在不同场景之间无缝穿越。

攻克各种技术难题后，"虚拟－现实无缝穿越系统"2.0 版终于在 2016 年底打通，原则上实现了"人类从现实世界无缝穿越到虚拟世界——在虚拟世界沉浸（生存、生活乃至从事现实世界能做到的一切活动）、往更高维度时空中任意穿越——在虚拟世界反过来操控现实世界——从虚拟世界穿越回到现实世界"的人类未来文明形态闭环系统。该项目展示了一个"黑客帝国"般供人类生活的虚拟世界原型，网络化的 VR 通过主从机器人与物理系统结合，展示一个以人替、人摹、人替摹、物替、物摹为主要存在物的虚拟世界。该虚拟世界又通过人替与物联网中的物体互动，让人们无须走出虚拟空间就能实施对物联网中各种对象的监控和操作。

VR 主从机器人是翟振明教授扩展现实概念中连接物理世界和虚拟世界的重要载体，它是一种遥视操作系统。机器人作为从端，以人的感知方式采集视频、音频等数据，通过网络连接的方式反馈至主端。操作人员佩戴 VR 头盔瞬间以第一人称视角进入机器人所在的场景之中，实时获取现场信息，并通过主端发送指令，控制从端机器人进行相应的操作（以动作来控制，机器人跟操作人员的动作保持一致），以此实现远程信息获取和操作控制。以人的主动视觉实现远程观看，从端机器人与主端控制者的动作是实时匹配的，人们不用从虚拟世界出来即可感觉到自己在操作物理世界，实现了人类主体意识的"空间穿越"。这对于远程医疗、远程巡检、远程社交、跨地域考察、带电作业、远程会议、远程生产、远程培训、跨物种视觉体验等极具实用价值。

此外，扩展现实在空间探索领域有着巨大的应用潜力。例如，只要宇航员在外星接入传感器，就能让普通人探索外星球，实现太空旅行和探险。甚至在地球上地域偏远、危险或人迹难至之处，如高山、深海、极地等，也可以借助扩展现实设备进行穿越式旅行，到达心中的理想圣地。

5.5.3　时空穿越再塑古今：让历史人物在元宇宙中复生

▎"致敬生命"人类数字化身计划

2015 年，基于对彭氏家谱的深入研究，虚拟世界先行者彭顺丰坚信利用虚拟技术能够构建一个高级别的家谱，甚至使人类在数字世界中实现"永生"。基于这一愿景，他发起了"致敬生命"人类数字化身计划。

"致敬生命"计划利用虚拟现实技术，数字化采集和保存那些在时空中无法再现的老人的身体特征、生活场景、语音、动作、房屋结构、个人物品、文字和照片等信息。老人的后代或授权代表可以通过虚拟现实设备实时重温"回到老人身边"的感觉，或者沉浸在曾经的生活场景中。通过人工智能、大数据算法以及虚拟世界等技术手段，这些原本在时空中注定会消失的场景和人物再次"复活"，形成一种全新的生命形态——"数字生命"，在数字世界中实现"永生"，成为人类文明存在和延续的重要组成部分。

截至 2021 年年底，"致敬生命"人类数字化身计划已经在中国、美国和泰国，成功为 100 多位老人建立了数字化身和虚拟世界个人陈列馆。由于在科技、公益和人文领域的前瞻性探索和卓越贡献，"致敬生命"项目曾于 2018 年荣获联合国"社会影响力领袖奖"。

▎"致敬生命"人类数字化身计划的衍生应用

"致敬生命"人类数字化身计划的初衷是为了留下"数字遗产"，以向生命致敬。该计划的执行使用了多种数字科技，如虚拟现实、数字孪生、3D 扫描 / 渲染等。

元宇宙是传扬艺术、传播文化、传承文明的最佳媒介。在元宇宙中，历史上的杰出人物，包括文人、艺术家、哲学家、科学家、发明家、非遗传承者和智者等，可以通过"致敬生命"计划实现"复生"。

试想一下，当我们谈诗论作时，如果能在元宇宙里偶遇原作者(数字人)，并与之畅快交流，那将多么令人欣喜。当大学生在元宇宙校园里，见到已经逝去的学术大师以数字人形象现身为同学们授课和实时交流，将多么受鼓舞。这类令人心怀神往的场景在元宇宙里呈现出来，能带来巨大的心灵力量，也会激发出无穷创意和灵感。

5.5.4　垂直 AI 大模型的应用：万物互联的工业智能

随着工业 4.0 和万物互联的快速发展，工业智能成了制造业、能源、交通等多个行业的核心驱动力。在这一背景下，垂直 AI 大模型应用为工业智能提供了强大的支持，使各种设备、机器和系统能够更加智能、高效和自主地运作。

越来越多的设备和系统被连接到互联网，产生了大量的数据。这为垂直 AI 大模型提供了丰富的数据，使其能够更好地为工业智能服务。例如，通过分析从各种传感器收集的数据，AI 大模型可以实时监控工厂的环境和设备状态，自动调整生产参数，确保生产的高效和稳定。

垂直 AI 大模型是针对特定行业或应用领域的 AI 大模型，它们经过了大量的行业数据训练，能够更好地理解和处理与该行业相关的任务。

预测性维护：通过对机器运行数据的实时监控和分析，预测并识别潜在的设备故障，从而避免突发停机，降低维护成本。垂直 AI 大模型，特别是针对特定行业或设备的大模型，可以准确识别微小的异常或趋势，这些异常或趋势可能预示着未来的故障。例如，通过分析电动机的振动数据，AI 大模型可能会检测到轴承的微小不平衡，提示企业提前维护，减少生产损失。

智能制造：用先进的信息技术和制造技术，实现生产过程的自动化、智能化和柔性化。垂直 AI 大模型可以实时监控生产线上的各种数据，如温度、压力、速度等，然后根据这些数据自动调整生产参数，如机器速度、温度设置等。这不仅可以确保产品质量，还可以提高生产效率，减少浪费。

能源管理：随着能源成本上升，环境问题日益突出，能源管理变得愈发重要。垂直 AI 模型可以分析企业的能源使用数据，如电力、水、天然气等，为企业提供节能建议。例如，通过分析工厂的电力使用数据，AI 模型可能会建议在非高峰时段进行生产，以充分享受低谷电价。

物流优化：物流涉及产品的运输、存储和分发。垂直 AI 大模型可以分析各种数据，如订单、库存、交通状况等，然后预测物流需求，自动规划最佳运输路线。这不仅可以减少运输成本，还可以缩短交货时间，提高客户满意度。

▌实际应用案例

通用电气（GE）Predix：专为工业互联网设计的操作系统。它使用 AI 和机器学习技术，从各种工业设备收集数据并进行分析，帮助企业预测设备何时可能出现故障。例如，通过分析风力发电机的运行数据，Predix 可以预测风叶何时可能出现裂纹。

西门子 MindSphere：专为工业 4.0 设计的云平台。它可以连接各种工业设备，收集和分析数据，为企业提供智能制造、能源管理和物流优化等服务。例如，通过分析生产线上的数据，MindSphere 可以自动调整生产参数，确保产品质量和生产效率。

斯耐德电气 EcoStruxure：工业自动化和能源管理平台。它采用 AI 技术，为企业提供能源管理、预测性维护和智能制造等服务。例如，通过分析工厂的能源使用数据，EcoStruxure 可以为企业提供节能建议，帮助企业降低能源成本。

亚马逊物流优化：采用 AI 和机器学习技术，对其庞大的物流网络进行优化。通过分析从各种传感器收集的数据，利用 AI 大模型预测物流需求，自动规划最佳的运输路线，减少运输成本和时间。

垂直 AI 大模型在工业智能中的实际应用，不仅帮助企业提高了效率，降低了成本，还为企业带来了新的商业机会。随着 AI 技术与万物互联的进一步融合，未来会有更多的垂直 AI 大模型应用案例出现在工业领域。

第 6 章

元宇宙未来展望

在元宇宙中，数字与现实相互交织，虚拟与物理相互作用，打开了一个崭新的探索空间。然而，元宇宙也面临着一系列技术挑战和社会问题。本章将探讨元宇宙的科学发展路径，探索其应用创新场景，并研究它如何与日常生活中的现实世界协同发展。

6.1 元宇宙的科学发展路径

元宇宙，是数字化的综合体，是现实世界的映射和延伸，其科学发展路径是多元且交叉的。

▌ 高级模拟

随着计算能力的增强，我们可以期望元宇宙承载更高级的模拟，更接近现实世界的复杂性。这主要表现为更强大的物理引擎、逼真的生物模拟，甚至是数字意识的探索。

更强大的物理引擎：物理引擎是模拟现实世界物理现象的核心。随着计算能力的增强，未来物理引擎将能够更准确地模拟现实中的物理行为，如流体动力学、光学反射和折射、材料的弹性和塑性等。这将为元宇宙带来更真实的物理交互体验，使虚拟世界中的物体行为更符合我们的直觉和预期。

逼真的生物模拟：除了非生物体，元宇宙中的生物体也将得到更逼真的模拟，包括更复杂的生态系统、动植物的行为和互动，以及生物体的生长、繁殖和死亡过程。这不仅增强了元宇宙的真实感，还为用户提供了更丰富的探索和互动机会。

数字意识的探索：随着人工智能和神经网络技术的进步，未来可能会出现具有初级意识的数字实体。这些实体将能够自主思考、感知环境并做出决策。虽然这是一个遥远的目标，但它为元宇宙带来了无限的可能性，包括与数字实体的深度互动、共同创造和学习等。

模拟与现实的融合：高级模拟不仅仅局限于虚拟世界。随着AR 技术的发展，元宇宙的模拟将与现实世界更加紧密地结合，为用户提供更沉浸的体验。

高级模拟技术已经在多个领域开始应用，以下是一些典型的案例。

许多现代视频游戏都采用了高级的物理和图形模拟技术。例如游戏《红色死亡救赎 2》，Rockstar Games 开发了一个高度逼真的开放世界，其中包括复杂的生态系统、天气模式和物理交互。还有《刺客信条》系列，Ubisoft 使用高级模拟技术重现了古代城市和文明。高级模拟技术在电影和电视制作中也得到了广泛应用，尤其是在特效制作中。例如，迪士尼为电影《冰雪奇缘》研发了一个先进的雪模拟系统，使得雪的行为和互动更加逼真。

在科研领域，高级模拟技术被用来模拟复杂的现象和系统。例如，NASA 使用高级模拟技术研究太空飞行和行星大气。生物学家和医学研究者也使用高模拟技术研究细胞行为和疾病传播。

在工业设计和制造领域，许多公司使用高级模拟技术进行产品设计和测试。例如，测试新车型的空气动力性能和安全性。

高级模拟技术还被用于教学实践，如医学手术培训、飞行模拟器训练。

▋神经接口

神经接口，也被称为脑机接口（BCI），是一种直接在大脑和外部设备之间建立通信的技术。这种技术允许用户通过思考来控制虚拟或物理对象，而无须任何物理动作。

随着元宇宙的发展，用户对于更真实、更沉浸式的体验有着越来越高的期望。传统的交互方式，如键盘、鼠标或触摸屏，已逐渐无法满足互动需求。神经接口提供了一种直接、无缝的方式，使用户能够完全沉浸在元宇宙中。

神经接口有助于感官体验的拓展，特别是嗅觉和味觉这些目前无法在虚拟世界中体验的感官。

视觉：神经接口可以提供超越传统屏幕的视觉体验，使用户感觉自己真正置身于虚拟环境中。

听觉：通过直接刺激大脑的相关区域，用户可以听到元宇宙的声音，而无须任何外部扬声器。

触觉：神经接口可以模拟触觉体验，使用户能够"感觉"到虚拟对象的纹理、温度甚至疼痛。

嗅觉和味觉：尽管还处于研究阶段，但未来的神经接口可能会模拟嗅觉和味觉，使用户能够嗅到和品尝虚拟世界中的食物。

神经接口不仅可以提供沉浸式的感官体验，还开拓了全新的互动方式。想象一下，仅仅通过思考，用户就可以移动、修改或创建虚拟对象，与其他用户交流，甚至控制虚拟环境的各个方面，仿佛通过神经接口在元宇宙中获得了超能力。

实际上，神经接口技术已经在一些领域中有了应用尝试，尤其是医疗领域。

Neuralink：由 Elon Musk 创办的 Neuralink 公司正在开发高带宽的脑机接口，目标是帮助神经性疾病患者，最终实现与计算机的无缝交互。Neuralink 已经在动物实验中展示了其技术，并计划在未来几年内开始人体试验。

脑控假肢：在过去的几年中，已经有多个实例显示，通过脑机接口技术，截肢患者可以控制假肢进行复杂的动作，如抓取物体。

恢复视力：有些研究团队正在开发脑机接口技术，帮助失明患者恢复部分视力。这些技术通常涉及将摄像机的输入转化为电信号，然后直接刺激大脑的视觉皮层。

深脑刺激（DBS）：将电极植入大脑，并通过电刺激来调节异常的神经活动。这种方法已经得到批准，用于治疗癫痫和帕金森病等神经性疾病。

沟通辅助：对于那些患有中风、肌萎缩侧索硬化症（ALS）等疾病而无法说话或移动的患者，脑机接口可以帮助他们与外界沟通。例如，他们可以通过思考来控制计算机光标，或者选择屏幕上的字母来拼写单词。

尽管神经接口已有一些成功应用，但它也引发了许多伦理和安全性方面的问题。例如，如何保护用户隐私？如何确保外部干扰不会对用户造成伤害？神经接口作为元宇宙科学发展路径的一部分，为我们提供了一个完全沉浸的机会。然而，我们也需要认真考虑其带来的伦理和安全性问题，确保它为人类带来的是福音，而不是灾难。

▌量子计算

量子计算的概念可以追溯到 20 世纪 80 年代，科学家开始探索使用量子力学原理进行计算的可能性。在 *Mathematics of Quantum Computation* 一书中，Brylinski 和 Chen 详细描述了量子计算机的设计和构建。

　　量子计算不限于纯粹的计算任务，它还在医学和生物技术领域展现出了巨大的潜力。Solenov 等人在 2018 年的研究中探讨了量子计算和机器学习如何推进临床研究并改变医学实践。

　　2019 年，一个具有 53 个量子位的可编程量子计算机实现了所谓的"量子优越性"。这意味着它在执行特定任务时超越了世界上最强大的传统计算机。

　　在元宇宙的背景下，量子计算展现出了广阔的应用前景。

　　高效的数据处理：传统计算机处理复杂问题可能需要几年的时间，而量子计算机可能只需要几秒钟。在元宇宙中，这意味着大量的数据可以在瞬间被处理和分析，为用户提供更快速、更流畅的体验。

　　模拟现实世界：具备了量子计算能力使其，就可以在元宇宙中创建更加真实和细致的虚拟环境，从微观到宏观模拟现实世界的各种现象。

　　加密与安全：量子计算为元宇宙中的交易和数据保护提供了更高级的加密技术，让用户确信他们的数据和交易是安全的，不容易被黑客攻击。

　　跨元宇宙的互操作性：量子计算为多个元宇宙平台提供了共同的计算基础，使元宇宙之间更容易互相交互和融合。

　　支持复杂的 AI 模型：量子计算支持更复杂的 AI 大模型，在元宇宙中为用户提供更加智能和个性化的体验。

　　资源优化：在元宇宙中，计算能力、存储空间和带宽等资源都是宝贵的。量子计算可以更高效地利用这些资源，为用户提供更好的服务，同时降低运营成本。

6.2 元宇宙应用创新的前景

▌教　育

在高等教育领域，元宇宙正逐渐展现出其独特的价值，为学生提供完全沉浸、身临其境的教育环境，显著提升教学效果。以人文科学为例，传统的教学方式往往依赖纸质教材和教师的讲解。但在元宇宙中，学生可以直接进入精心复原的历史场景，身临其境地体验历史事件，感受历史人物的生活和文化背景。

对于理工科学生，元宇宙同样提供了宝贵的学习机会。传统的实验教学往往受限于实验设备、实验环境和教学资源，学生可能无法亲自进行某些复杂或高风险的实验。但在元宇宙中，学生可以在虚拟实验室中进行各种实验，不受任何物理限制。他们可以全方位、近距离、多尺度观察实验过程，甚至进入微观世界，直观地观察分子、原子和其他微观结构的运动和互动。

▌医　疗

在医疗保健领域，虚拟治疗会议、医学培训模拟，甚至通过虚拟人进行远程手术正变得司空见惯。虚拟治疗会议为患者和医生提供了"面对面"交互的平台，患者无须亲自前往医院或诊所，就可以在受控的仿真环境中与医生面对面地交流。这不仅能为患者节省时间和精力，还能为偏远地区或交通不便的地方提供触手可及的医疗服务。这种远程医疗方式可以有效减少医院的拥挤，提高医疗服务的效率。

医学培训模拟为医学生和专业医生提供了一个真实的、高度仿真的学习环境。在这个环境中，他们可以模拟各种医疗情境，如手术、诊断和治疗等，从而获得宝贵的实践经验。这种模拟培训不仅能提高医生的技能和熟练度，还能在真实手术或治疗之前预测并避免可能出现的问题。

借助元宇宙，医生可以在一个地方控制化身，在另一个地方进行手术。这不仅可以为患者提供精确和高效的手术服务，还可以为医生提供更加安全和舒适的工作环境。当然，也可以想象有那么一天，AI 虚拟人也可以成为独立的手术医生，而不需要真实的医生在控制间操作。

虚实共生的元宇宙经济

AIGC 的核心价值在于其能够简化和自动化元宇宙中的创作过程。通过 AIGC，元宇宙中的人、物、场景的创造变得前所未有的简单，不再需要复杂的编程或设计技能，任何人都可以轻松创造自己心中的理想世界。这种自由度和创造力为元宇宙及其用户带来了全新体验和无限可能。在元宇宙里，每个参与者都可以借 AIGC 体验"夸父逐日"和"女娲补天"的神话情境，仿佛神仙附体。

此外，3D 打印和数字孪生这两项颠覆性技术，在某种程度上可视为互逆的过程，可以实现从虚拟到现实，再从现实到虚拟的无缝连接。

数字孪生技术的核心价值在于能够将现实世界的物体、设备或系统"复制"到元宇宙。与此相反，3D 打印技术则是将数字创作转化为现实物体的手段，其魅力在于能够将计算机上的设计快速、准确地"生产"为实体物品。无论是精致的艺术品、定制的手办，还是实用的日常用品，甚至是大型的建筑结构，3D 打印都可以在短时间内"生产"。这意味着，设计师和创作者可以直接从元宇宙进行数字设计，然后使用 3D 打印技术将其转化为现实物体。

结合这两种技术，建筑师可以在元宇宙中设计建筑，然后使用数字孪生技术进行模拟和测试，最后通过 3D 打印技术建造出来。

或者，艺术家可以在虚拟世界中创作艺术品，然后将其打印出来作为实体艺术品珍藏或出售。

6.3　元宇宙未来的挑战

▌伦理挑战

元宇宙给生活带来了愉悦，给工作带来了便利，同时也带来了一系列的伦理挑战，尤其是在现实与虚拟的界线日益模糊的今天。

首先，数字权利的归属成了重要议题。在元宇宙中，用户创造的内容、虚拟财产和个人数据应该如何保护和管理？谁拥有这些数据的所有权？这些问题涉及知识产权、版权和数据所有权等，是复杂的法律问题。

其次，隐私问题在元宇宙中变得尤为关键。随着大量的个人数据被上传到虚拟世界，如何确保数据的安全性和隐私性？用户如何知道他们的数据被如何使用？他们是否有权决定自己的数据如何被共享和利用？

再者，随着元宇宙的发展，相关哲学问题也浮现出来。例如，元宇宙中的数字身份，是否应该被视为独立的实体，享有与现实世界中人类相同的权利和自由？或者，只是其创作者的附属品？

▌技术障碍

首先，可扩展性是重大技术挑战。随着越来越多的用户进入元宇宙，如何确保虚拟世界能够支持大量用户同时在线，而不会出现性能下降或系统崩溃问题，是技术团队必须面对的问题。这需要后端技术的持续优化，以及对服务器和数据中心的持续投入。

其次，延迟问题也是元宇宙发展中不可忽视的技术障碍。在高度互动的虚拟世界中，任何延迟都会影响用户体验。例如，当用户在元宇宙中与其他用户互动或参与虚拟活动时，延迟可能导致反应迟钝，影响游戏或交互的流畅性。

最后，不同元宇宙平台之间的互操作性也是一大技术挑战。随着元宇宙生态系统的不断壮大，如何确保多个不同的元宇宙平台无缝连接，使用户能够在不同的元宇宙之间自由切换，是技术团队面临的挑战。

▍社会影响

随着元宇宙的兴起和普及，其对社会的影响逐渐显现，涉及多个层面，从社会结构、心理健康到人们的现实观念。这些影响不仅深刻，而且复杂，需要我们仔细监测、理解和应对。

首先，从社会结构的角度看，元宇宙可能会重塑人们的社交模式和组织形式。在元宇宙中，人们可以自由选择身份，跨越现实中的种族、性别和地域界限，形成全新的社交网络和社区。这种自由度可能会导致现实中的社会结构发生变化，传统的地理界限和文化背景可能不再是人们社交的主要考量。

其次，元宇宙对人们的心理健康也可能产生影响。一方面，元宇宙为人们提供了一个逃避现实、实现梦想的空间，有助于缓解现实生活中的压力和焦虑。但另一方面，过度沉浸在虚拟世界中可能导致人们与现实脱节，产生心理健康问题，如 VR 成瘾、社交障碍等。

最后，元宇宙对人们的现实观念也可能形成挑战。随着虚拟世界和现实世界的界限越来越模糊，人们可能开始质疑什么是真实，什么是虚构。这种模糊的现实观念可能会导致人们在决策和行为上产生困惑，影响现实生活中的选择和判断。

6.4 元宇宙与现实世界的协同发展

尽管科技进步带来机遇的同时也伴随着挑战，但元宇宙和现实世界协同发展的趋势已不可逆转，主要表现为以下几个方面。

虚拟现实：将数字信息叠加到物理世界上，为用户提供沉浸式体验。这种技术使得数字与物理之间的界限变得模糊，无论是在日常生活中的导航、购物还是在工作中的设计、培训。

数字孪生：无论是复杂的城市系统，还是高精工业设备，都可以在元宇宙中"复制"为完美的数字模型。这些模型不仅可以实时反映现实世界的状态，还可以用于模拟和预测未来的发展趋势。这为城市规划、工业生产和各种复杂系统的管理提供了强有力的工具。

经济一体化：元宇宙将拥有自己的经济，包括就业、服务和数字资产。然而，这种经济不会孤立地存在。现实世界中的企业在元宇宙里建立数字店面，而虚拟商品和服务将具有现实世界的价值，这会促进物理经济和虚拟经济的融合。

文化交流：在元宇宙中，来自世界各地的人们可以自由地交流思想、分享创意，共同创造前所未有的艺术、音乐和时尚。这种文化的交流和碰撞会深刻影响现实世界中的社会规范和价值观。

此外，和现实世界紧密相关的教育、医疗健康、社交娱乐、生态保护、科学研究等领域，也会通过元宇宙协同发展互为支撑。

元宇宙和现实世界协同发展可以赋能实体经济、传承人类文明和完善社会治理。

文化元宇宙：传承和展示人类文化遗产的独特平台。通过数字孪生技术，我们可以在虚拟世界中复制现实世界中的文化遗产，如古建筑、艺术品、历史事件，甚至让文化大师在元宇宙里"复生"而传扬其精神。这不仅可以帮助我们更好地保护和传承这些文化遗产，还可以为全球的观众提供一个独特的互动学习和体验平台。

工业元宇宙：提供了安全、高效的仿真环境。在这个环境中，企业可以应用数字孪生技术模拟真实的工业流程，测试新的生产方法，进行各种实验，而不必担心任何物理损耗或安全风险。这不仅可以帮助企业减少操作风险，也可以大大提高系统效率和稳定性，还可以优化制造过程。

社会治理元宇宙：政府和社会组织可以建立各种公共管理和应急管理系统，以应对各种社会挑战，如自然灾害、疫情和社会治安。同时，通过加密和共享技术，我们可以确保数据安全和隐私，防止数字科技被滥用。

元宇宙是与现实世界相得益彰的数字世界，可以赋能实体经济、传承人类文明和完善社会治理，为人类创造一个更加美好的未来。

参考文献

ADAMS V. 1996. Tigers of the Snow and Other Virtual Sherpas: An Ethnography of Himalayan Encounters. Princeton, NJ: Princeton University Press.

ANDERSON J C, GERBING D W. 1988. Structural equation modeling in practice: a review and recommended two-step approach. Psychological Bulletin, 103(3): 411-423.

ARBUCKLE J. 2009. AMOS 18.0 User's Guide. Amos Development Corporation, Inc.

BA S, et al. 2010. Why give away something for nothing? Investigating virtual goods pricing and permission strategies. ACM Transactions on Management Information Systems (TMIS), 1(1): 1-22.

BAEK T H, MORIMOTO M. 2012. Stay away from me. Journal of Advertising, 41(1): 59-76.

BAGNOLI M, et al. 1989. Durable-goods monopoly with discrete demand. Journal of Political Economy, 97(6): 1459-1478.

BAGOZZI R P, YI Y. 1988. On the evaluation of structural equation models. Journal of the Academy of Marketing Science, 16(1): 74–94.

BAGOZZI R P, YI Y. 1991. Multitrait-multimethod matrices in consumer research. Journal of Consumer Research, 17(4): 426-439.

BAKOS Y, BRYNJOLFSSON E. 1999. Bundling information goods: pricing, profits, and efficiency. Management Science, 45(12): 1613-1630.

BAKOS Y, et al. 1999. Shared information goods. The Journal of Law and Economics, 42(1): 117-156.

BARFIELD W, et al. 1997. Visualizing the structure of virtual objects using desktop virtual reality displays. Proceedings of IEEE Annual International Symposium on Virtual Reality: 114-119.

BARFIELD W, HENDRIX C. 1995. The effect of update rate on the sense of presence in virtual environments. Virtual Reality: Research, Developments, Applications, 1(1): 3-15.

BELLEFLAMME P. 2002. Pricing Information Goods in the Presence of Copying. Queen Mary University of London.

BERTHON P, et al. 1996. The world wide web as an advertising medium. Journal of Advertising Research, 36(1): 43-54.

BESANKO D, WINSTON W L. 1990. Optimal price skimming by a monopolist facing rational consumers. Management Science, 36(5): 555-567.

BEVERLAND M B, et al. 2008. Projecting authenticity through advertising consumer judgments of advertisers' claims. Journal of Advertising, 37 (1): 5-15.

BHARGAVA H K, CHOUDHARY V. 2008. When is versioning optimal for information goods. Management Science, 54(5): 1029-1035.

BHATTACHARJEE S, et al. 2006. Consumer search and retailer strategies in the presence of online music sharing. Journal of Management Information Systems, 23(1): 129-159.

BIOCCA F. 1995. Virtual reality as a communication system. Communication in the Age of Virtual Reality: 15–31.

BIOCCA F. 1997. The Cyborg's dilemma: progressive embodiment in virtual environments. Journal of Computer-Mediated Communication, 3(2): 12-26.

BLAU P M. 1964. Exchange and Power in Social Life. New York, NY: Wiley.

BOLLEN K A. 1989. Structural Equations with Latent Variables. New York: John Wiley & Sons.

BOYD D. 2008. Facebook's privacy trainwreck: exposure, invasion, and social convergence. Convergence, 14(1): 13-20.

BRUNER E M. 1994. Abraham Lincoln as authentic reproduction: a critique of postmodernism. American Anthropologist, 96(2): 397-415.

BRYANT F B, YARNOLD P R. 1995. Principal components analysis and exploratory and confirmatory factor analysis// Grimm L G, Yarnold P R. Reading and understanding multivariale statistics. American Psychological Association, 99-136.

BRYLINSKI, et al. 2002. Mathematics of quantum computation. Bocal Raton, FL: CRC Press.

BUTLER J K. 1991. Toward understanding and measuring conditions of trust: evolution of conditions of trust inventory. Journal of Management, 17(3): 643-663.

BYSTROM K E, et al. 1999. A conceptual model of the sense of presence in virtual environments. Presence: Teleoperators & Virtual Environments, 8(2): 241-244.

CAI S, JUN M. 2003. Internet user's perceptions of online service quality: a comparison of online buyers and information searchers. Managing Service Quality, 13(6): 504–519.

CASTRONOVA E. 2002. On Virtual Economies. Bloomington, IN: Indiana University.

CHELLAPPA R, SHIVENDU S. 2005. Managing piracy: pricing and sampling strategies for digital experience goods in vertical segmented markets. Information Systems Research, 16(4): 400-417.

CHEVALIER J A, MAYZLIN D. 2006. The effect of word of mouth on sales: online book reviews. Journal of Marketing Research, 43(3): 345-354.

CHHABRA D. 2005. Defining authenticity and its determinants: toward an authenticity flow model. Journal of Travel Research, 44(1): 64-73.

COHEN E. 1988. Authenticity and commoditization in tourism. Annals of Tourism Research, 15(3): 371-386.

COLLIER J E, BIENSTOCK C C. 2006. Measuring service quality in e-retailing. Journal of Service Research, 8(3): 260–275.

COSTELLO A B, OSBORNE J W. 2005. Best practices in exploratory factor analysis: four recommendations for getting the most from your analysis. Practical Assessment Research & Evaluation, 10(7).

CRONBACH L J. 1951. Coefficient alpha and the internal structure of tests. Psychometrika, 16(3): 297-334.

CURETON E E, MULAIK S A. 1975. The weighted varimax rotation and the promax rotation. Psychometrika, 40(2): 183-195.

D'Agata A, Santangelo G. 2003. Cognitive distance, knowledge spillovers and localisation in a duopolistic game. Catania, Mimeo.

DAFT R L, LENGEL R H. 1986. Organizational information requirements, media richness and structural design. Management Science, 32(5): 554-571.

FABRIGAR L R, et al. 1999. Evaluating the use of exploratory factor analysis in psychological research. Psychological Methods, 4(3): 272-299.

GEFEN D, et al. 2003. Trust and TAM in online shopping: an integrated model. MIS Quarterly, 27(1): 51-90.

GEFEN D, STRAUB D W. 2004. Consumer trust in B2C e-commerce and the importance of social presence: experiments in e-Products and e-Service. Omega, 32(6): 407-424.

GIFFIN K. 1967. The contribution of studies of source credibility to a theory of interpersonal trust in the communication process. Psychological Bulletin, 68(2): 104-202.

GRAYSON K, MARTINEC R. 2004. Consumer perceptions of iconicity and indexicality and their influence on assessments of authentic market offerings. Journal of Consumer Research, 31(2): 296-312.

GUIDI B. 2020. When blockchain meets online social networks. Pervasive and Mobile Computing, 62:101131.

HANSSENS D M, et al. 2003. Market Response Models: Econometric and Time Series Analysis (2nd ed.). Norwell, MA: Kluwer Academic Publishers.

HATCHER L. 1994. A Step-by-Step Approach to Using SAS for Factor Analysis and Structural Equation Modeling. Cary, NC: SAS Publishing.

HEETER C. 1992. Being there: the subjective experience of presence. Presence Teleoperators & Virtual Environments, 1(2): 262-271.

HELDAL I, et al. 2005. Succsses and failures in co-present situations. Presence: Teleoperators and Virtual Environments, 14(5): 563-579.

HOLT D B. 2002. Why do brands cause trouble? A dialectical theory of consumer culture and branding. Journal of Consumer Research, 29(1): 70-90.

JANDA S, et al. 2002. Consumer perceptions of internet retail service quality. International Journal of Service Industry Management, 13(5): 412–431.

JARVENPAA S L, et al. 1999. Consumer trust in an internet store: a cross-cultural validation. Journal of Computer-Mediated Communication, 5(2).

KAISER H F. 1970. A second-generation little jiffy. Psychometrika, 35: 401-415.

KE D, et al. 2012. An empirical analysis of virtual goods permission rights and pricing strategies. Decision Sciences, 43(6): 1039-1061.

KIM M S, CHUNG J Y. 2018. Sustainable growth and token economy design: The case of steemit. Sustainability, 11(1): 167-179.

KUMAR J. 2019. How psychological ownership stimulates participation in online brand communities? The moderating role of member type. Journal of Business Research, 105: 243-257.

LEE J, SUH A. 2015. How do virtual community members develop psychological ownership and what are the effects of psychological ownership in virtual communities? Computers in Human Behavior, 45: 382-391.

LEE S, et al. 2014. New member's online socialization in online communities: the effects of content quality and feedback on new members' content-sharing intentions. Computers in Human Behavior, 30: 344-354.

LEHDONVIRTA V. 2009. Virtual item sales as a revenue model: identifying attributes that drive purchase decisions. Electronic Commerce Research, 9: 97-113.

LIU C, ARNETT K P. 2000. Exploring the factors associated with web site success in the context of electronic commerce. Information and Management, 38(1): 23–33.

LOIACONO E T, et al. 2002. WebQual: A measure of website quality // In Proceedings of the AMA Winter Educators' Conference. Chicago, IL :American Marketing Association.

LONG M, MCMELLON C. 2004. Exploring the determinants of retail service quality on the internet. The Journal of Services Marketing, 18(1): 78-90.

MACCALLUM R C, et al. 1999. Sample size in factor analysis. Psychological Methods, 4: 84-99.

MALHOTRA N K, et al. 2004. Internet user's information privacy concerns (IUIPC): the construct, the scale, and a causal model. Information Systems Research, 15(4): 336-355.

MAMONOV S, BENBUNAN-FICH R. 2017. Exploring factors affecting social e-commerce service adoption: the case of Facebook Gifts. International Journal of Information Management, 37(6): 590-600.

MARKS D F. 1973. Visual imagery differences in the recall of pictures. British Journal of Psychology, 64(1): 17-24.

MCKNIGHT D, et al. 2002. Developing and validating trust measures for e-commerce: an integrative typology. Information Systems Research, 13(3): 334-359.

MCMILLAN S J, HUANG J S. 2002. Measures of perceived interactivity: an exploration of the role of direction of communication, user control, and time in shaping perceptions of interactivity. Journal of Advertising, 31(3): 29-42.

MONTELLO D R. 1991. The measurement of cognitive distance: methods and construct validity. Journal of Environmental Psychology, 11(2): 101-122.

MOORMAN C, et al. 1993. Factors affecting trust in market research relationships. Journal of Marketing Research, 57(1): 81-101.

MØRCH VON DER FEHR NH, KÜHN K U. 1995. Coase versus pacman: who eats whom in the durable-goods monopoly? Journal of Political Economy, 103 (4): 785-812.

NAPOLI J, et al. 2014. Measuring consumer-based brand authenticity. Journal of Business Research, 67(6): 1090-1098.

NEWBERRY B. 2001. Raising Student Social Presence in Online Classes.

NOVAK T P. 2000. Measuring the customer experience in online environments: a structural modeling approach. Marketing Science, 19(1): 22-44.

OESTREICHER-SINGER G, SUNDARARAJAN A. 2006. Are Digital Rights Valuable? Theory and Evidence from eBook Pricing. CEDER.

OU C X, et al. 2014. Swift Guanxi in online marketplaces: the role of computer-mediated communication technologies. MIS Quarterly, 38(1): 209-230.

PARASURAMAN A, et al. 1988. SERVQUAL: a multiple-item scale for measuring consumer perceptions of service quality. Journal of Retailing, 64(1): 12–40.

PARASURAMAN A, et al. 2005. E-S-QUAL: a multiple-item scale for assessing electronic service quality. Journal of Service Research, 7(3): 213–233.

PAVLOU P A. 2003. Consumer acceptance of electronic commerce: integrating trust and risk with the technology acceptance model. International Journal of Electronic Commerce, 7(3): 101-134.

PAVLOU P A, GEFEN D. 2004. Building effective online marketplaces with institution-based trust. Information Systems Research, 15(1): 37-60.

PECK J, SHU S B. 2009. The effect of mere touch on perceived ownership. Journal of consumer Research, 36(3): 434-447.

PERCY L, ROSSITER J R. 1992. A model of brand awareness and brand attitude advertising strategies. Psychology & Marketing, 9(4): 263-274.

PETERSON R. 1997. Creating Country Music: Fabricating Authenticity. Chicago, IL: University of Chicago Press.

PIERCE J L, et al. 2001. Toward a theory of psychological ownership in organizations. Academy of Management Review, 26(2): 298-310.

PIERCE J L, JUSSILA I. 2011. Psychological ownership and the organizational context: theory, research evidence, and application. Cheltenham: Edward Elgar Publishing.

PIRKKALAINEN H, et al. 2018. Engaging in knowledge exchange: the instrumental psychological ownership in open innovation communities. International Journal Of Information Management, 38(1): 277-287.

QIU L, BENBASAT I. 2005. Online consumer trust and live help interfaces: the effects of text-to-speech voice and three-dimensional avatars. International Journal of Human-Computer Interaction, 19(1): 75-94.

REB J, CONNOLLY T. 2007. Possession, feelings of ownership and the endowment effect. Judgment and Decision making, 2(2): 107-114.

ROSENBLUM D, 2007. What anyone can know: the privacy risks of social networking sites. IEEE Security & Privacy, 5(3): 40-49.

ROTTER J B, 1971. Generalized expectancies for interpersonal trust. American Psychologist, 26(5): 443-506.

SALLNAS E L, et al. 2000. Supporting presence in collaborative environments by haptic force feedback. ACM Transactions on Computer-Human Interaction, 7(4): 461–476.

SAVELYEV A. 2018. Copyright in the blockchain era: promises and challenges. Computer Law & Security Review: 34(3), 550-561.

SHAPIRO C, VARIAN H R. 1999. Information rules: a strategic guide to the network economy. Boston: Harvard Business School Press.

SHORT J, et al. 1976. The social psychology of telecommunications. London: Wiley.

SIMON H. 1989. Price Management. Amsterdam: Elsevier Science Publishers.

SIMPSON E H. 1951. The interpretation of interaction in contingency tables. Journal of the Royal Statistical Society: Series B (Methodological), 13 (2): 238-241.

SIRDESHMUKH D, et al. 2002. Consumer trust, value, and loyalty in relational exchanges. Journal of Marketing, 66(1): 15-37.

SLATER M, et al. 1996. Immersion, presence, and performance in virtual environments: an experiment in tri-dimensional chess. Hong Kong: Proceedings of VRST'96.

SLATER M, WILBUR S. 1995. Through the looking glass world of presence: a framework for immersive virtual environments // Slater M. FIVE'95 Framework for Immersive Virtual Environments. Queen Mary University of London.

SMITH H J, et al. 2011. Information privacy research: an interdisciplinary review. MIS

Quarterly: 989-1015.

STEUER J. 1992. Defining virtual reality: dimensions determining telepresence. Journal of Communication. 42(4): 73-93.

SWAID S I, WIGAND R T. 2009. Measuring the quality of e-service: scale development and initial validation. Journal of Electronic Commerce Research, 10(1): 13-29.

SWAN M. 2015. Blockchain: Blueprint for a New Economy. O'Reilly Media Inc.

TAN X, et al. 2012. Impact of privacy concern in social networking web sites. Internet Research: 211-233.

THOM-SANTELLI J, et al. 2009. What's mine is mine: territoriality in collaborative authoring. Proceedings of the SIGCHI Conference on Human Factors in Computing Systems: 1481-1484.

TROPE Y, et al. 2007. Construal levels and psychological distance: effects on representation, prediction, evaluation, and behavior. Journal of Consumer Psychology, 17(2): 83-95.

VAN D L, PIERCE J L. 2004. Psychological ownership and feelings of possession: three field studies predicting employee attitudes and organizational citizenship behavior. Journal of Organizational Behavior: The International Journal of Industrial, Occupational and Organizational Psychology and Behavior, 25(4): 439-459.

VARIAN H. 2000. Buying, sharing and renting information goods. The Journal of Industrial Economics, 48(4): 473-488.

VERHULST P F. 1838. Notice sur la loi que la population poursuit dans son accroissement. Correspondence Mathematique et Physique, 10: 113-121.

WELTEVREDEN J W J. 2007. Substitution or complementarity? How the Internet changes city centre shopping. Journal of Retailing and Consumer Services, 14(3): 192-207.

WILSON P N, et al. 1996. Transfer of spatial information from a virtual to a real environment in physically disabled children. Disability & Rehabilitation, 18(12): 633-637.

XU F, et al. 2013. Factors affecting privacy disclosure on social network sites: an integrated model. Electronic Commerce Research, 13: 151-168.

XU H, et al. 2011. The personalization privacy paradox: an exploratory study of decision-making process for location-aware marketing. Decision Support Systems, 51(1): 42-52.

YANG Z, et al. 2004. Measuring customer perceived online service quality. International Journal of Operations and Production Management, 24(11): 1149–1174.

YOO B, DONTHU N. 2001. Developing a scale to measure the perceived quality of an internet shopping site (SITEQUAL). Quarterly Journal of Electronic Commerce, 2(1): 31-47.

ZAROUALI B, et al. 2017. "Do you like cookies?" Adolescents' skeptical processing of retargeted Facebook ADS and the moderating role of privacy concern and a textual debriefing. Computers in Human Behavior, 69:157-165.

ZEITHAML V A. 1988. Consumer perceptions of price, quality, and value: a conceptual model and synthesis of research. Journal of Marketing, 52: 2-22.

ZEITHAML V A, et al. 1996. The behavioral consequences of service quality. Journal of Marketing, 60(2): 31-46.